_____ 님의

직장생활을 응원합니다!

직장

내공

직장 내공

나를 성장시키며 일하는 사람들의 비밀

송창현 지음

內功

출근하는 발걸음이
한없이 무거운 당신에게

하루하루를 힘겹게 버텨내고 있는 직장인들에게 '퇴사'라는 단어는 상상만으로 통쾌함과 해방감을 준다. 그런데 언제부턴가 이를 상상으로만 끝내지 않고 현실화하는 사람이 많아지고 있다. 입사 1년 내 퇴사율이 28%, 3년 내 퇴사율이 60%를 넘는다는 한 언론사의 취재 결과가 이를 뒷받침한다. 이런 현상을 반영하듯 서점에 가보면 자신의 '퇴사' 경험담을 나누는 에세이와 자기계발서가 눈에 많이 띈다. 아니 멀리 갈 것도 없이 당장 내 주위만 해도 퇴사하는 후배들이 속속 등장하고 있다.

어쩌면 '유행'처럼 번지고 있는 이 단어와 현상을 마주하고는 한참을 생각했다. 그것이 누군가에게는 부푼 꿈일까, 절박함일까,

아니면 그저 치기 어린 반항일까. 그러다가 결국, 이런 질문을 나 자신에게 던졌다.

"나는 왜 퇴사하지 않고 있는 거지?"

돌이켜보면 그동안 나도 퇴사를 고민한 순간이 꽤 많았다. 학생에서 직장인으로 정체성이 바뀌면서 느꼈던 문화 충격, 기대했던 것과는 너무나 동떨어진 업무, '하고 싶은 일'보다는 '해야 하는 일'이 더 많은 나날. 학교에서 배운 적 없는 정답 없는 직장생활이 당황스럽고, 더 이상 성장하지 못하면 어떡하나 싶어 불안했다. 물론 지금도 크게 다르진 않다. 새로운 문제와 갈등상황은 끊임없이 생겨나기에 직장생활은 여전히 힘들다. 하지만 같은 상황에서도 예전의 나보다 덜 흔들리는 건 직장생활은 원래 마음대로 안 되는 것임을 받아들였기 때문이다. 힘든 직장생활 어디엔가 숨어 있을 '의미'와 '배움'을 찾아내면서 성장하며 일하는 법을 깨달았기 때문이기도 하다.

그렇다. 앞선 질문에 직장생활을 통해 얻는 배움이 크기에 아직은 퇴사하지 않는 것이라고 답할 수 있겠다.

물론 내가 그런 선택을 했다고 다른 사람의 퇴사까지 반대하고 나설 생각은 없다. 퇴사는 누군가에게 최고의 선택일 수 있다. 다만 모두에게 그런 건 아니다. 특히, 하고 싶은 일이나 계획이 있어서 퇴사하는 게 아니라, 지금 이 순간을 당장 벗어나고 싶어서 유행에 편승하듯 감정에 기댄 결정을 하는 건 아닌지 생각해보길 바란다. 자세히 들여다보면 직장생활 속에도 자신을 성장시킬 수 있는 요소가 분명 있다. 그것을 알아보고 충분히 활용하여 성장한 후, 뚜렷한 목표나 계획을 세워 퇴사해도 늦지 않다.

실제로, 막연하게 퇴사하고 나간 많은 선후배들은 장기 여행을 떠나거나 잠시 자기만의 시간을 갖고는 다시 취업을 했다. 그러고는 예전 직장이 차라리 더 괜찮았다며 또다시 퇴사를 고민한다. 반대로, 뚜렷한 목표를 갖고 회사에서 배울 수 있는 것을 현명하게 잘 습득해서 나간 선후배들은 그걸 잘 활용해 각종 분야에서 새로운 역량을 펼치고 있다.

한편 회사에 남아 직장인인 자신의 처지를 하찮게 여기는 사람도 많다. 회사의 가축처럼 일하는 '사축(社畜)'이라는 신조어에 공감하거나 '보람' 따위 들이대지 말라는 그림을 보고는 사이다를 마신 듯 시원함을 느끼기도 한다. 직장인의 현실을 꼬집는 온라인상의 이야기는 재미있다. 나도 동조했고, 웃었던 기억이 난다. 하지만 그 순간뿐이다. 그 웃음의 끝은 씁쓸했고, 다시 현실로 돌아와 직장인으로서 살아가는 데 아무런 도움이 되지 않았다. 오히려 뭔지 모를 무기력함과 우울감만 커졌다. 직장인으로서의 삶을 희화화할수록, 그건 자신을 망가뜨리는 길이 된다. 희화화 대상이 다름 아닌 바로 '나의 삶'이기 때문이다. 그렇기에 나는 상황에 좌절하고 자조하기보다는 자신을 위해 '의미'와 '배움'을 찾는 선택을 하라고 권하고 싶다.

삐딱하게만 보이던 것도 조금만 관점을 달리하면 내게 도움이 되는 게 꽤 있다. '해야 하는 일'을 하는 과정에서 '하고 싶은 일'을 발견하거나, 회사에 이용당한다는 억울함에 빠져 있기보다 회사를 어떻게 이용할지 더 나아가 어떻게 활용할지 고민해보는 편이 더 실속 있다.

이 책을 통해 우리네 직장인이 '나를 지키며 일하는 방법'에 대해 이야기해보려 한다. 직장과 일에 대해 한번 객관적으로 바라보고, 우리를 화나게 하거나 힘들게 하는 일을 좀 더 쉽게 떨쳐낼 방법과 과정을 정리해보았다. 이 밖에도 직장 내에서 갈등이 생겼을 때 유용하게 활용했던 대화의 기술과 일을 좀 더 잘하기 위해 고민하고 실행해왔던 여러 가지 방법을 담았다.

타임머신을 타고 과거로 돌아갈 수 있다면, 이 책을 갓 입사한 나 자신에게 전해주고 싶다. 그러면 어려운 직장생활을 아마 좀 더 의연하게 받아들이고 더 성장할 수 있지 않았을까?

아무쪼록 이 책을 읽는 모든 사람이 직장에서 새로운 의미를 찾을 수 있기를, 그로 인해 좀 더 성장할 수 있기를, 그리고 언젠가 퇴사하는 날이 온다면 좀 더 준비된 상태로 당당히 회사와 이별하기를 바란다.

2장

직장생활의 고비를
여유롭게 넘기는
마음 내공

3장

나를 지키며
일하는 사람들의
관계 내공

4장

상사와 동료를
내 편으로 만드는
대화 내공

5장

일로 인정받는 사람들의 업무 내공

된 삶의 풍경

1장

일과
직장에
대한
흔한 착각

'하고 싶은 일 하고 살아.'

나는 이 말이 아주 무책임하다고 생각한다. 진로를 위한 고민이나, 선택의 기로에 선 이에게 스스럼없이 이 말을 건네는 사람을 보면 좀 무섭기까지 하다. 정말 상대방을 걱정하는 마음으로 하는 말인가? 상대방의 처지와 고민의 무거움을 공감하며 던진 말인가?

'하고 싶은 일 하고 살아!'라는 말은 참으로 달콤하다. 너무나 달콤해서 오히려 문제다. 지쳐 쓰러진 사람의 입을 벌려 그 안으로 초콜릿 10여 개를 욱여넣는 것과 같다. 달콤함을 툭 던진 사람은 의기양양할지 몰라도, 그것을 맛본 사람은 잠깐 달콤함을 느낄 뿐

금세 시무룩해진다.

미디어나 SNS에는 '하고 싶은 일'을 해서 성공한 사람의 이야기가 가득하다. 정말이지 잘 포장돼 있다. 장밋빛으로 써 내려간 그런 이야기 속엔, 그들이 '하고 싶은 일'을 하기 위해 해왔던 '해야 하는 일'에 관한 것은 생략되기 일쑤다. 그들의 이야기에 자극을 받은 후 '나는 뭐 하고 있지?', '내가 하고 싶은 일은 뭘까?'라는 고민에 빠져들어 우왕좌왕하는 사람은 결국 무턱대고 해야 하는 일을 적대시하고 만다.

많은 사람이 '해야 하는 일'과 '하고 싶은 일'을 이분법적으로 받아들이는 경향이 짙다. 정말 그럴까? 해야 하는 일을 하며 살면 불행한 삶이고, 하고 싶은 일을 하며 살면 무조건 행복한 삶일까? 단언컨대, 그렇지 않다. 그 둘은 상호 보완적인 역할을 한다. 그것도 아주 격하게. 그리고 시너지 효과를 내며 '성장'이라는 선물을 안겨준다.

해야 하는 일에 알레르기 반응을 보이는 이유는 '타의성' 때문이다. 내가 하고 싶어서가 아니라 해야 하니까 하는 회사 일, 게다가 익숙하지도 않은 일일 때가 많다. 그러니 두렵다. 억지로 한다는 생각이 온 세포를 휘감는다. 행복할 리가 없다.

하고 싶은 일은 어떨까? 듣기만 해도 달콤하다. 저혈당 상태에서 사탕을 한입 가득 머금은 듯 심장이 요동한다. '자의성'이 강하며, 익숙한 일이거나 자발적으로 참여하고 싶은 일일 가능성이 높다. 나의 만족을 위한 일이니 얼마나 행복한가. 이런 관점으로 보면 그 둘은 상반되는 듯 보인다. 하지만 해야 하는 일과 하고 싶은 일의 경계가 모호하다면 어떨까? 그 둘이 수시로 경계를 넘나든다면 말이다.

하고 싶은 일을 하라고 툭 던진 말에 순간의 위로를 받았다가 다시 무기력해지기를 거듭하는 제자리걸음을 중지해야 한다. 그러기 위해서 우리는 '해야 하는 일'과 '하고 싶은 일'을 재정의할 필요가 있다.

첫째, '해야 하는 일'과 '하고 싶은 일'은 서로 요동하며 오간다. 이 둘을 따로 보지 말아야 한다. '해야 하는 일'이 '하고 싶은 일'이 되는 경우가 있고, '하고 싶은 일'이 '해야 하는 일'이 되는 경우도 있다.

내 이름이 적힌 책을 출간하는 것은 일생일대의 '하고 싶은 일'이었다. 출판사와 첫 책을 계약하고 날아갈 듯한 마음을 진정시키느라 분주했던 시간은 잠시, 마감 기일이 다가오며 그것은 어느새 미룰 수만 있다면 미루고 싶은 '해야 하는 일'이 되어 있었다.

한번은, 정말이지 맡고 싶지 않았던 업무를 받아든 적이 있다. 하지만 내가 계획한 대로 일이 순조롭게 진행되고, 회사로부터 인정을 받기 시작하자 그것은 어느새 하고 싶은 일이 되었다. 야근은 물론, 주말에도 마다하지 않고 그 일에 몰두한 기억이 생생하다.

둘째, '하고 싶은 일'을 할 때는 '해야 하는 일'이 반드시 수반된다.

스타강사 김미경 씨가 말했다. (음성 지원은 각자의 몫으로.)

"여러분, 내가 가장 하고 싶은 일이 뭔지 알아요? 강의예요, 강의! 그런데 내가 가장 하기 싫은 일이 뭔지 알아요? 강의 준비예요, 강의 준비!"

앞서 언급한 책 출간과 글쓰기의 관계도 그렇다. 책을 내려면 글쓰기라는 막중한 의무는 필수다. 요즘 많은 사람이 유튜브 스타를 꿈꾼다. 그런데 쉽게만 보이지만 할 일이 산더미다. 컨셉을 잡아야 하고, 원고를 쓰고, 방송 장비를 구비하고, 찍고, 홍보하고, 사생활을 노출해야 한다. 그리고 이것을 정기적으로 반복해야 한다. 이 점은 간과한 채 멋지게 포장된 모습만 보고는, '저 사람들은 하고 싶은 일 하며 편하게 돈 벌고 재밌게 산다'고 결론짓는다.

셋째, '해야 하는 일'은 많은 선물을 안겨준다. 나는 지독한 문송(문과라서 죄송합니다)이다. 숫자 감각은 제로에 가까웠고 엑셀은 이름만 들어본 상태였다. 하지만 입사해서 영업과 마케팅 업무를 하다 보니 숫자와 엑셀은 필수였다. 고역일 수밖에 없었다. 숫자와 엑셀에 서툴러 선배들 뒷골 잡게 한 적도 한두 번이 아니다. 하지만 해야 했다. 익숙해지고 성장하는 거 외에 다른 옵션이란 없었다. 숫자와 엑셀을 다루는 일, 그것은 분명 하고 싶은 일이 아니었다. 해야만 하는 상황이 아니었다면 절대 능숙해지지 못했을 일이다. 해야만 했던 그 일을 통해 성장한 나는 이 능력을 다른 영역에서도 활용하고 있다. 말 그대로, '해야 하는 일'이 가져다준 선물이다.

넷째, '해야 하는 일'을 하다 보면 '하고 싶은 일'이 보인다. 혹시, 해야 하는 일도 하기 싫고, 그렇다고 하고 싶은 일도 딱히 떠오르지 않는 부류에 속하는가? 그렇다고 슬퍼하거나 노여워하지 말자. 자신을 미워하거나 세상을 탓하지도 말자. 아이러니하게도 해야 하는 일을 하다 보면 하고 싶은 일이 보이기도 한다. 해야 하는 일에 익숙해지면 전문가가 되기도 하고 그 일로 자신의 앞날을 꾸려가는 사람도 있다. 그러니 하고 싶은 일을 잘 모르겠다면 현재 해야 하는 일에 집중해보자. 바로 그 일 속에서 하고 싶은 일을 발견할 수도 있고, 그게 아니라면 앞으로 하고 싶은 일에 대한 힌트를 얻을 수도 있다. 이건 만고의 진리다. 지금 하는 일에 집중하고 최선을 다하면 다음이 보인다.

반복해서 말하지만 '해야 하는 일'과 '하고 싶은 일'을 적대적으로 구분할 필요가 없다. 그 둘은 서로 오가며 변하고, 상호 보완하며 시너지를 발휘한다. 그러면서 우리에게 많은 선물과 배움을 주고, 또 어디로 나아가야 할지 실마리를 제공한다. 당장 지금부터, 해야 하는 일과 하고 싶은 일을 '병행'한다고 생각해보면 어떨까? 너무 달콤하기만 한 거짓말에 더 이상 속지 않으면서 말이다.

여행이 정답은 아니야

일이 힘들거나 기분전환이 필요할 때 우리는 "아, 여행이나 갈까?"라는 말을 흔히 한다. 이 말이 자연스럽게 나올 정도로 여행은 우리 생활의 한 부분이 되었다. 사람들이 여행을 꿈꾸는 이유 중 하나는 일상을 벗어나고 싶은 욕구 때문이 아닐까 싶다. 앞사람의 가방에 부대끼고 생전 처음 보는 사람을 마주하고 가야 하는 지옥철이나 만원 버스에서 나를 세상과 차단해줄 음악으로 귀를 막고, 바닷가에 누워 있는 자신을 상상해보지 않은 사람이 있을까.

힘든 일상에서 벗어나고 싶은 마음에 우리는 여행을 떠난다. 휴가를 위해 일찌감치 예약해놓은 항공권은 직장인들에게 상사의 잔소리를 견뎌낼 힘을 준다. 어떤 사람은 여행을 위해 회사를 그만두기까지 한다. 그런데 문제는 그다음이다. 떠나기 전에 가졌던 설렘은 곧 무뎌지고, 돌아갈 날이 가까워질수록 마음이 요동친다. 여행을 다녀오면 뭔가 달라질 줄 알았는데, 돌아온 일상은 어째 더 답답하다. 여행이 정답일 거란 생각, 다녀오면 뭔가 변화할 거란 생각은 여지없이 무너진다. 그리고 우리는 이 패턴을 반복하고 또 반복한다.

소위 일류 대기업에 입사했던 후배가 돌연 퇴사를 해서 주위 사람들을 놀라게 한 적이 있다. 그는 "지긋지긋한 일상, 나는 이를 거부하련다. 다른 사람처럼 챗바퀴 돌듯 살고 싶지 않아 나는 떠난다"라는 말을 남긴 채 세계 여행길에 올랐다. 후배의 SNS엔 멋있다, 부럽다, 그 용기에 박수를 보낸다 등의 찬사가 이어졌다.

과감하게 회사를 관두고 자유를 찾아 떠난 후배 소식을 들었을 때, 난 내가 하지 못한 것을 해낸 후배가 여행에서 멋지게 돌아와 뭔가 새로운 일을 하리라 기대했다. 1년 후 여행을 마친 그는 기대와 달리 이전과 그리 다르지 않은 삶으로 돌아왔다. 입사와 퇴사를 반복하며 잠시 번 돈으로 다시 훌쩍 여행을 떠나곤 했는데, 많이 힘들어 보였다. 몇 년 전에 다녀온 여행 사진만 올리고 있는 그 후배의 모습은 '여행자'가 아닌 그저 일상을 벗어나고 싶은 '도망자'처럼 보였다. 그 후배에게 여행은 무엇이었을까? 어떤 의미였을까? 후배의 모습은 여행이 뭔가를 바꿔줄 거라는 막연한 기대감에 경종을 울렸다.

여행에서 돌아와 자신만의 '정답'을 찾는 사람들도 분명 있다. 그런 사람들은 여행에서 찾은 의미를 일상에 잘 적용하는 것처럼 보인다. 여행을 '일상으로부터의 도망'으로 여기는 게 아니라, 일상의 의미를 여행에 투영하고 여행에서 얻은 깨달음을 일상의 활력으로 활용하는 것이다.

사실 여행을 떠나는 후배를 보며 그가 부럽기도 했지만 다른 한편으론 그가 했던 '지긋지긋한 일상, 쳇바퀴 도는 삶'이라는 말이 마음에 걸렸었다. 내가 바로 그 쳇바퀴 속에 있는 사람이기에 나를 부정하는 것 같아 기분 나쁘기도 했고, 일상의 의미를 너무 무시하는 것 아닌가 싶은 마음도 들었다. 쳇바퀴 돌듯 사는 일상을 중요하게 생각하고 묵묵하게 헤쳐 나가는 사람이 있기에 자유로운 영혼들이 여행을 떠나도 세상은 돌아간다. 그리고 무엇보다 돌아올 일상이 있어야 여행도 의미가 있는 것 아닐까?

여행이 정답은 아니다. 다만, 삶에 힌트를 줌으로써 깨달음을 얻게 해준다고 생각한다. 깨달음을 얻었다면 일상에 써먹고, 삶을 바꿔나갈 에너지로 삼으면 된다.

"인간은 자신이 필요로 하는 것을 찾아 세계를 여행하고 집에 돌아와 그것을 발견한다." _ 조지 에드워드 무어

"진정한 여행이란 새로운 풍경을 바라보는 것이 아니라 새로운 눈을 갖는 데 있다." _ 마르셀 프루스트

"익숙한 삶에서 벗어나 현지인들과 만나는 여행은 생각의 근육을 단련하는 비법이다." _ 이노우에 히로유키

"여행에서 지식을 얻어 돌아오고 싶다면 떠날 때 지식을 몸에 지니고 가야 한다." _ 사무엘 존슨

많은 이들이 삶을 여행에 비유한다. 일상이 모인 우리 삶이 곧 여행인 것이다. 여행은 조금 특별한 일상일 뿐이다. 그렇다면 일상을 마음껏 즐겨야 한다. 어느 한순간이라도 놓치지 않으려 마음의 카메라로 이것저것 간직해두어야 한다. 틸틸과 미틸이 찾아 나섰던 파랑새가 집에 있었다는 이야기처럼, 일상을 소중히 여기고 온몸으로 즐겨야 하지 않을까.

지금 하는 일이
원하는 일이
아니라고 느껴질 때

　　입사했을 때를 떠올려보자면, 나는 곧 퇴사해야 마땅했다. 직장에서 하는 일은 내가 대학생 때 상상하던 것과는 많이 달랐다. 내가 원하는 일과는 너무나도 동떨어져 있었다.

　　첫째, 나는 해외 주재원의 꿈을 안고 입사했다. 그런데 국내 시장 업무가 주어졌다. 당연히 내가 원하는 일을 하고 있다고 느끼기 어려웠다. 어서 빨리 이곳을 벗어나고 싶다는 생각밖에 없었다.

　　둘째, '마케팅'을 하고 싶어 입사했는데, 신입사원들에겐 모두 '영업' 직무가 주어졌다. 게다가 대리점을 관리하는 다른 동기들과 달리 나는 직접 거래처를 발굴해야 하는 다이렉트 영업부서에 배치되었다. 영업을 다니며 매일 잡상인 취급을 받다 보니 그만두고 싶다는 생각이 하루에도 수백 번씩 들었다.

셋째, 현장 영업을 하다 보니 내가 속한 부서의 조직문화가 조금 매서웠다. 지금은 개선됐지만 당시만 해도 불필요한 접대는 물론, 기강이라는 이름으로 선후배 사이에 불합리한 관행도 만연했다. 야근하던 선배는 내게 손짓을 하며 담배 심부름을 시켰고, 사온 담배를 사무실에서 뻑뻑 피워대곤 했다. 회식 자리에선 잠시도 긴장을 풀지 못한 채 선배들의 뒤치다꺼리를 도맡았다. 술 취한 선배에게 다리를 차인 게 한두 번이 아니다.

대학을 졸업한 지 고작 1~2년밖에 안 지났던 때였다. 각종 마케팅 대회나 공모전에서 박수를 받으며 여러 차례 수상했던 내게 원하지 않는 업무와 사회인으로서 겪어야 했던 조직문화는 존재에 대한 고민으로 이어졌다. 누군가 조금만 더 건들면 바로 사표를 내던져버릴 것만 같은 마음이었다.

다행스럽게도 난 그 시기를 잘 이겨냈다. 아니, 이겨냈다기보단 버텨냈다고 하는 편이 맞겠다. 버틴 대가인지 그렇게 바라던 해외 주재원의 기회도 얻었고 지금은 전 세계를 무대로 열심히 뛰어다니고 있다. 그리고 앞서 이야기했던 과정을 겪으며 좀 더 성장했고, 그것이 지금도 나를 지탱해주는 커다란 힘이 되고 있다고 믿는다.

아마도 많은 20~30대 직장인이 과거의 나와 크게 다르지 않은 고민을 하고 있을 것이다. 직장생활이 생각과 달라서, 기대했던 일이 아니라서, 조직문화에 적응하기 힘들어서 등등. 원하는 일을 스스로 고를 수 있던 학생에서, 원하지 않아도 할 수밖에 없는 직장인으로 거듭나기 위해선 이것을 '과정'으로 받아들일 필요가 있다.

원하지 않는 일과 조직문화 등 직장생활 초기의 모든 상황은 나로 하여금 조급함을 불러일으켰다. 그 순간을 당장 벗어나고 싶어도 그럴 명분도, 나를 더 나은 곳으로 끌어줄 인맥도 없었다. 검증도 되지 않은 나를 흔쾌히 받아줄 곳도 없었다. 버텨내는 수밖에는 다른 길이 없었다. 그래서 당시의 상황을 '과정'이라고 받아들이기로 생각을 바꿔 먹었다. 그만두고 싶은 순간마다 '나는 지금 돈을 받으며 내가 경험하지 못한 것들을 배우고 있다'는 말을 수백 번이고 되뇌었다. 그렇게 버틴 하루하루가 굳건히 쌓여 지금의 나를 지탱하고 있는 것이다.

'끝'이라고 생각하는 순간 사람은 숨이 막히고 조급해진다. 조급함은 많은 것을 그르친다. 나의 목표, 나의 꿈, 당장 눈앞에 있는 소중한 것들, 현실에 충실해야 하는 마음을 되돌아볼 여유를 주지 않는다. 조급함 앞엔 장사가 없다.

솔직히, 나 또한 월급쟁이로서 앞으로 무엇을 어떻게 더 해야 할지, 얼마나 직장에서 버틸 수 있을지, 어디까지 올라갈 수 있을지를 생각하면 막막하다. 하지만 분명한 게 하나 있다. 이 모든 것이 뭔가를 이루어가는 '과정'이라 되뇌며 하루하루를 충실히 버틸 자신이 있다는 것. '강한 자가 살아남는 것이 아니라, 살아남는 자가 강한 것이다'라는 명제가 통하는, 정답이 없는 직장에서 말이다.

'진.급.누.락.'

특별히 적이 있는 것도 아니고 일을 못한다는 평가를 받지도 않았다. 다른 사람들이 오히려 그 결과를 의아해할 정도였으니 나의 충격은 이루 말할 수 없었다. 어느 드라마의 주인공처럼 옷을 입은 채 샤워기 아래 서 있고 싶은 심정이었다. 당시 나를 진급누락시켰던 상사는 맥주 한잔하자고 했고, 미안하다고 했다. 난 속으로 말했다. '미안할 일을 왜 하셨을까?'

입사한 지 막 7년을 지날 때였다. 대리에서 과장으로의 진급누락은 그렇게 쓰디썼다. 하지만 그때 상사와 맥주 한잔하며 나눈 이야기에서 난 정말 많은 것을 배웠다. 그야말로 눈이 뜨였다. 직장생활을 하다 보면 패러다임이 변하는 순간, 또는 사람과 사물, 주위를 보는 관점이 완전히 바뀌는 때가 있다. 바로 그때가 힘든 순간을 이겨낼 수 있는 나만의 경험치를 쌓을 수 있는 좋은 기회다. 이것을 즉시 알아차려야 한다. 득달같이.

그날의 대화에서 나는 이런 결론을 얻었다. '누군가에게 인정받고 사랑받고 싶다면 상대를 먼저 인정하고 사랑해야 한다.' 더더군다나 그 상대가 직장 상사라면 말이다. 사실, 그 상사를 피해 다닌 건 나였다. 갑작스러운 부서 이동으로 그분을 만났고, 나에게 주어진 일에 대한 불만이 컸다. 인정받지 못했다는 불만과 앞으로 어떤 일이 닥칠지 모른다는 두려움은 나를 사춘기 질풍노도의 시기로 회귀시켰다. 나는 아웃사이더의 길을 자초했다. 마음속엔 커다란 뿔이 자라고 있었고 '어떻게든 난 삐뚤어질 테다'의 자세로 업무에 임했던 것 같다.

한번은 그분과 해외 출장을 같이 간 적이 있는데, 아무런 상의 없이 주말을 나 홀로 보냈다. 나를 인정해주지 않는 사람과 같이 있고 싶지 않았기 때문이다.

"그때 말이야, 난 자네와 친해지고 싶어서 어디 유명한 데라도 같이 가려고 했었어. 그런데 날 피하는 게 느껴지더라고. 불편해하는 것 같다는 생각이 들었어."

난 아직도 그분이 맥주를 한 모금 시원하게 들이켜시고는 앞에 있는 노가리를 이리저리 비틀던 모습이 생각난다. 손의 움직임은 주저하는 듯 보였지만, 말씀의 요지는 참으로 허심탄회했다. 어쩌면 그분도 부하직원인 나에게 인정받고 싶었겠단 생각이 들었다. 나름 친해지려고 손을 뻗었는데 내가 그 손을 쳐다보지도 않았던 것이다. 깨달음이 온 순간, 망치로 뒤통수를 한 대 세게 맞은 느낌이었다.

결국 상사도 사람일 뿐이다. 인정받고 싶고 사랑받고 싶은 욕구는 누구나 같다. 아니, 올라가면 올라갈수록 더 외로워지는 상황에서 그 마음은 더 커질 것이다. 그날 상사의 진솔한 고백을 듣고 나니, 만약 여러 명의 부하직원 중 한 명을 진급시켜야 하는 상황이 온다면 나라도 나 같은 사람을 배제하겠다는 생각이 들었다. 나의 작은 그릇을 깨닫는 순간이자, 그 그릇의 크기가 조금은 커지는 순간이었다. 이후엔, 그분과 더없는 선후배가 되어 밀어주고 끌어주는 사이로 발전했다.

만약 당신이 회사에서 인정받지 못하는 것 같아 속상하거나 고민이 된다면 다음 몇 가지 이야기를 마음에 담고 자신을 돌아봤으면 한다.

첫째, 인정받으려면 '업무 능력'과 '성실함'은 기본이다. 먼저 기본적인 것부터 쌓아놓고 어떻게 인정받을지 고민하자.

둘째, 상사에게 인정받기만 바라지 말고, 상사를 인정하는 습관을 가져보자. 상사도 사람이다. 자신을 먼저 인정하고 존경하는 사람을 더 세심히 바라보는 건 당연한 이치다.

셋째, 상사에게 다가가는 것은 잘 보이기 위한 아부의 행위와는 다르다. 진심을 갖고 대하면 오글거리지 않는다. 허심탄회한 대화를 하고 난 뒤, 난 매일 아침 그 상사에게 커피를 타드렸다. 예전이라면 상상할 수도 없고, 스스로도 용납할 수 없었던 일이다. 하지만 아부라고 생각하지 않고 진심으로 다가가니 얼마든지 할 수 있는 일이었다. 영혼 없이 아부로 하는 행동은 상사도 바로 눈치채기 마련이다. 거창할 필요 없다. 도망치고만 싶었던 상사에게 차 한잔 가져다드리거나, 오늘 입고 온 옷에 대해 칭찬 한마디 해보자. 단언컨대 직장생활의 역사가 바뀔 것이다. 조금씩, 하나씩. 시작은 미약하나 그 끝은 창대하게.

관심을 받으려는 자, 그 무게를 견뎌라

"소리를 들어줄 사람이 단 한 명도 없는 울창한 숲속에서 커다란 나무가 쓰러진다. 과연 소리가 날 것인가?"

양자역학에 대해 설명하는 짐 배것의 《퀀텀 스토리》에 나오는 문장이다. 이 책에서 저자는 '소리'를 우리 귀에 들리는 '인간의 경험'으로 정의한다. 양자역학의 관점에서 해석하자면 위 질문의 답은 '아무런 소리가 나지 않았다!'인 셈이다.

책에서 이 문장을 읽으며 나는 인정받기 위해 고군분투하는 직장인의 모습을 떠올렸다. 직장인에게 적용하면 이렇게 바꿀 수 있겠다.

'나를 알아줄 사람이 단 한 명도 없는 거대한 직장 속에서, 나는 커다란 성과를 냈다. 내가 한 일은 과연 성과일까?'

섬뜩하게 다가온 《퀀텀 스토리》의 한 문장은 우리네 직장인의 모습을 적나라하게 드러내고 있었다.

'관심병'이라는 말을 들어봤을 것이다. 요즘 세상엔 관심받고 싶어 안달 난 사람이 부지기수다. 특히 SNS에는 이런 사람이 넘쳐난다. 최근 팔로어가 50만인 호주의 18세 모델이 관심받는 것이 모두 부질없다고 선언하고 자신의 계정을 삭제한 일이 있었다. SNS의 허상을 날려버린 것이다.

직장인의 지상과제는 '생존'이다. 생존하기 위해선 '인정'이 필요하다. 상사와 동료의 관심을 끌어야 하는 게 직장인의 숙명이다. 아무리 열심히 내 일을 한다 한들, 누구도 알아주지 않는다면 소리를 들어줄 사람이 단 한 명도 없는 울창한 숲속에서 일어난 '아무것도 아닌 일'이 된다.

관심을 끄는 것만으로는 충분하지 않다. 관심을 인정으로 승화시켜야 진정한 실력이다. 어느 회사나 어려운 일은 기피하고, 실력은 없으면서 관심만 받으려는 사람이 분명 있다. 이른바 '꽝'만 파는 사람, 정치꾼의 유형이 그렇다. 온갖 관심은 다 끌어났는데, 알맹이가 없다면 SNS 속 허상에 빠진 관심병 환자와 조금도 다를 바 없다. 다른 사람은 다 안다. 준비 안 된 관심병 환자들만 모른다. 두 번 다시 관심을 받지 못할 심각한 문제 속으로 자기 자신을 떠밀고 있다는 것을.

과장 초반 때였던 것 같다. 왜 나를 알아주지 않을까? 왜 나보다 못해 보이는 사람들이 더 잘나가지? 내가 낸 성과는 왜 내 기대보다 낮게 평가될까? 이러한 고민이 꼬리에 꼬리를 물었다. 사람들의 관심을 받으려 스스로 어필도 하고, 보고 시간에 차별화된 방법도 써보고, 사석에서 상사에게 개인적으로 다가가기도 했다. 좋은 평판을 얻기 위해 의도적으로 계산된 선행을 베풀기도 했다. 효과가 있었다. 동료와 상사가 나에게 관심을 보였다.

하지만 그들의 관심은 공짜가 아니었다. '실력과 책임'이라는 대가를 요구했다. 나는 좀 더 나은 실력을 발휘해달라는 지시와 더 많은 질문을 받았고, 더 자주 보고해야 했다. 해야 할 일이 더 많아진 것이다. 정신이 번쩍 들었다. 이 '관심'을 '인정'으로 승화시켜야 한다는 압박감과 깨달음이 동시에 몰려왔다. 관심엔 책임이 따르고, 그 순간에 제대로 대응하지 못하면 관심이 오히려 독이 되고 만다. 무섭다는 생각도 들었다.

연예인도 무명일 때는 관심받기 위해 사력을 다하지만, 막상 유명해지고 난 뒤에는 지나친 관심을 부담스러워하며 무명시절을 그리워한다. 그렇듯, 누군가의 관심엔 상상 이상의 무게가 실려 있다.

직장인은 인정받아야 한다. 그래야 성장하고 살아남는다. 인정받기 위해선 상사와 동료의 관심을 받아야 한다. 그리고 우리는 그 관심의 무게를 견뎌야 한다. 갑자기 생긴 관심에 당황해서 인정받는 기회를 놓치는 우를 범해선 안 된다.

아인슈타인은 말했다.

"실체는 환영에 불과하다. 그러나 그것은 변덕을 부리지 않는 한결같은 환영이다!"

직장인으로서 하루가 고달프고 왜 이리 살아야 하나, 이 모든 게 무슨 의미가 있나 싶을 때도 있지만, 그래도 사력을 다해 존재를 알리고 살아남아야 하는 이유가 이 말에 있다. 직장에서 일어나는 온갖 일이 환영에 불과하고 의미 없어 보일지라도, '한결같음'을 유지할 수 있다면 '환영'도 '실체'로 바꿀 수 있다. 그에 대한 간절함과 처절한 몸부림이 나를 한 발 더 나아갈 수 있게 하지 않을까?

여기서 기본을 짚고 넘어가자. 가장 중요한 것은 남들의 인정이 아니다. 자신을 스스로 인정해야 한다. 그래야 다른 사람들의 관심을 받아도 흔들리거나 불안해하지 않을 수 있다. 그래야 타인의 인정도 따라온다.

우리가 하기 싫은 것이 정말 '일'일까?

일요일 저녁, 음산한 기운이 등 뒤에서 느껴진다. 뭔가가 다가오고 있다. 익숙하지만 매우 두렵다. 분명히 저 멀리 있었던 것 같은데, 여고괴담의 귀신처럼 어느새 바로 등 뒤까지 바짝 와 있다. 그러고는 내 어깨 한쪽을 툭툭 건드린다. 두려움에 가슴 두근거리게 하는 그것의 이름은 '월요병'이다.

직장인치고 월요병 한번 안 앓아본 사람이 있을까? 매주 일어나는 일이지만, 월요일에 대한 부담감은 좀체 옅어지지 않는다. 오죽하면 월요병은 불치병이라는 말이 있을 정도다. 대체 직장인은 왜 월요병에 시달릴까? 당연히 회사에 나가기 싫어서다. 그렇다면 왜 회사에 나가기 싫은 걸가? 바로 '일'하기 싫어서다. 그 '일'은 내가 하고 싶은 일이 아니며, 내 뜻대로 되지 않기 때문이다. 나만 그런 게 아니다. 모두가 이런 마음이다 보니 서로를 배려할 마음의 여유가 없다. 그러니 모두 힘들다.

찬찬히 다시 생각해보자. 우리가 하기 싫은 것이 정말 '일'일까? 그렇다면, 우리는 왜 회사에 다니고 있는 걸까? 만약 이렇다면 어떨까? 한번 상상해보자. 회사에 갔는데 모두가 내 말에 귀를 기울인다. 보고할 때마다 칭찬받고, 일은 계획대로 술술 풀려간다. 하고 싶은 업무를 도맡고 실력을 인정받아 고속승진에 고액연봉까지, 그렇게 승승장구한다. 이러한 상황에서도 "아, 일하기 싫어!"라는 말을 할까? 그런 상황에서도 월요병에 시달릴까? 어쩌면 주말에도 출근하지 못해 안달하지는 않을까?

이렇게 생각해보면, 우리가 하기 싫은 것은 결코 '일'이 아니다. 내 마음처럼 되지 않는 일, 사람들과의 관계 스트레스, 출퇴근하며 겪는 지옥철, 약속 하나 제대로 못 잡는 불규칙한 퇴근 시간 등이 월요병의 근원이자, 우리를 '일'과 멀어지게 하는 주범이다. 무엇보다 인정받지 못한다는 느낌, 자존감을 바닥으로 끌어내리는 상황 등이 우리의 영혼을 무겁게 만드는 것이다.

냉정하게 말하면, 직장은 우리를 인정해주기 위해 존재하는 곳이 아니다. 월급을 주고 성과를 기대하는 곳이다. 인정받고 생존하는 건 개인의 몫이자 과제다. 따라서 인정해주길 마냥 바라기만 할 게 아니라, 인정받기 위해 고군분투해야 한다. 그 시작점은 바로 우리의 '업(業)'을 받아들이는 데 있다. 직장인으로서의 '정체성'을 부정하지 않아야 비로소 출발점에 설 수 있다.

해야 할 일은 많은데 내 뜻대로 되는 일은 없고, 사람들과는 갈등이 일어나는 생활, 이것이 직장인의 삶인데 유쾌함과는 거리가 멀다 보니 그저 부정하고만 싶어진다. 손자병법은 싸우지 않고 이기는 게 으뜸이라 했다. 하지만 정면돌파가 최선일 때도 있다. '직장이란 원래 그런 곳'이란 걸 우선 인정하고, 그곳에서 어떻게 생존하고 자신을 키워갈 것인지에 집중해야 한다. 그러지 않으면 악순환에서 벗어날 수 없다.

자신의 '일'을 정리해보고, 그 '일'을 방해하는 요인이 사람인지, 인정인지, 적성인지 고민해보자. 사람 때문이라면 일 자체가 아닌, 상대를 어떻게 공략할지 고민해야 한다. 인정을 받지 못해 동기부여가 안 된다면, 인정받을 방법을 찾아야 한다. 본인의 역량을 개발하거나 부족한 점을 스스로 채우는 것이다. 적성에 맞지 않아 문제라면, 현재 주어진 일에 최선을 다하면서 다른 부서나 다른 회사를 알아봐야 한다. 그저 일하기 싫은 상태로 머무는 삶은 자신에게 어떠한 도움도 되지 않는다. 그 상태에서 벗어날 방법을 고민하고 또 고민해야 한다.

마지막으로, 자신의 '역할'을 고민하는 것도 중요하다. 하기 싫다는 생각은 잠시 접어두고, 그 일이 나와 어떤 관계를 맺고 있는지 그걸 통해 내가 얻을 수 있는 건 무엇인지 그 '의미'를 찾아야 한다. 지금의 '직업'이 후에 내가 바라는 '업'과 분명 연관이 있을 거란 믿음을 갖고, 실제로 그것을 연관시키려 노력해야 한다. 그러면 회사를 그만두고 다른 일을 하더라도 회사에서 배운 모든 것이 쓰일 때가 온다. 언젠가 반드시.

"멘토님, 과연 제 문제가 뭘까요?"

멘토링에서 만난 한 후배가 고민을 털어놓았다. 다섯 번의 입사와 신입생활 그리고 퇴사. 가장 길었던 신입생활이 고작 6~7개월 남짓이었다며 한숨을 쉬었다. 역으로 생각하면 다른 사람들은 한 번 입사하기도 힘든데, 이 후배는 다섯 번이나 서류전형과 최종면접을 통과한 것이다. 한편으로는 능력이 정말 뛰어나다고 볼 수밖에 없다. 하지만 사실 취업보다 중요한 게 그 이후다. 내가 후배들에게 늘 강조하는 사항이기도 하다. 고민이 많았을 것이다. 자신도 맡은 바 업무를 잘해내고 승승장구하는 직장인을 꿈꿨을 테다. 하지만 마음대로 되는 건 없었고 그에게 남은 건 다섯 곳의 회사에서 몇 개월 만에 뛰쳐나온 초라한 경력과 직장생활에 대한 회의감 뿐이었다. 대체 뭐가 문제였을까?

시간을 내 그 후배와 깊은 대화를 나눴다. 대화를 나누는 도중에 직무, 사람, 조직, 문화, 비전 등 다양한 불만이 튀어나왔다. 한 회사에선 이것이 마음에 안 들고, 다른 회사에선 저것이 마음에 들지 않아 힘들었다고 했다. 가장 오래 근무했던 회사는 웬만큼 견딜 수 있던 곳이었는데 결국 사수와 갈등의 골이 깊어져 도망쳤다고 한다. 나는 그 친구 스스로 자신의 문제점에 관해 이야기할 때까지 질문을 던지며 대화를 이끌었다.

문제의 원인을 밖에서 찾으면 답이 없다. 우선은 자기 안에서 문제를 찾아야 한다. 그 문제가 나쁘고 비난해야 할 것이 아니라 자신이 외부를 받아들이는 방식이라는 것을 깨달은 뒤 개선해나가야 한다. 하나둘, 그 후배의 입에서 자신의 문제점을 되짚어보는 이야기가 흘러나오기 시작했다.

앞서 언급한 대로 그 후배는 취업을 한 사람이라면 누구나 겪는 다양한 고민과 문제를 맞닥뜨렸었다. 그런데 공통분모가 있었다. 바로 "워라밸이 보장되지 않아서……"라는 것이었다. 워라밸이라는 키워드에 좀 더 집중해보니 그 후배의 잦은 퇴사가 이해되기 시작했다. 자신은 워라밸을 보장해주는 회사를 원했는데, 워라밸도 보장되지 않았을 뿐만 아니라 이런저런 문제가 있었다는 것이다.

그렇다면 그 후배가 원했던 워라밸은 무엇일까? 상사와 선배들 눈치 보지 않고 퇴근할 수 있는 자유로운 분위기일 것, 정해진 시간에 칼같이 퇴근하고 이후 시간이나 주말에 간섭받지 않는 것, 직장인이라면 누구나 원하는 것이었다. 안 그래도 그동안 야근을 당연시하는 게 한국의 기업문화였기에 워라밸이 핵심 키워드로 떠오른 상황이다. 물론 기업이 앞장서서 직원의 워라밸을 보장해 줘야 하는 측면도 있다. 하지만 워라밸은 전적으로 회사가 '제공' 해주는 것이 아니다. 본인이 노력해서 만들어가는 것이다. 회사가 정해진 시간에 퇴근시킨다 해도, 맡은 일을 완료하는 책임은 결국 자신이 져야 한다. 근무 시간 중에 최대한 마무리하려 노력하되, 그 시간이 부족하다고 생각되면 근무 외 시간에 일을 할 수도 있다. 특히 신입사원이라면 더 그렇다. 우리는 외국 사람들이 노트북을 들고 카페에서 일하는 것을 보고는 자유로워 보인다고 생각한다. 유럽에서 주재원으로 있을 때, 유럽 사람들이 업무 시간에 어떤 강도로 집중해서 일하는지를 지켜봤다. 점심도 자리에서 샌드위치로 대신했다. 칼같이 퇴근했대도 필요한 일이라면 집에서든 휴가지에서든 이메일이 날아오곤 했다.

워라밸은 말 그대로 Balancing, 균형 잡기를 의미한다. 균형을 잡는다는 것은 연속되는 '과함'과 '부족함' 사이에서 중심을 찾아가는 과정이다. 내 역량이 부족하다면 '일'에 무게를 좀 더 둘 수 있다. 너무 힘들다면 일을 줄이고 '휴식'에 중점을 둬야 한다. 어느 한쪽으로만 마냥 쏠릴 수 없다. '균형'이 잡히는 건 어느 한 순간일 뿐이다. 우리는 평균대를 걸어갈 때 좌우로 흔들린다. 체조 국가대표도 좌우의 쏠림이 덜할 뿐이지, 팔을 뻗어 균형을 잡는다.

다시 그 후배의 이야기로 돌아가보면, 자신이 주도적으로 균형을 잡겠다는 생각보단 이미 균형이 잡힌 곳에 있고 싶다는 바람이 컸다. 즉, 환상이 컸다. 워라밸은 단순히 일찍 퇴근해서 하고 싶은 일을 하며 쉬는 게 아니다. 직장에서 살아남으려면 역량이 필요하다. 그리고 그 역량을 키우려면 별도의 노력이 필요하다. 그 노력 중엔 휴식도 포함되어 있다. 즉, 잘 쉬는 것도 실력이다. 직장인에게는 쉬는 것도 결국 더 나은 성과를 내기 위한 수단이다.

균형을 잡으려면 아등바등해야 한다. 한쪽으로 쏠린 걸 인지했다면, 다른 한쪽으로 무게중심을 옮겨야 한다. 처음부터 균형 잡힌 길로 가거나, 누군가 균형을 잡아주길 바라는 건 욕심이자 환상일 뿐이다. 균형은 내가 잡아야 한다. 취업 후 처음 하는 모든 일이 낯설다면 따라잡기 위한 노력이 필요하다. 퇴근 시간을 좀 더 늦추더라도, 그 누구도 아닌 나를 위해 일을 알아가야 한다. 아니면, 퇴근해서라도 노력해야 하고 자존심을 살짝 접고라도 이 사람 저 사람에게 달려들어 물어봐야 한다.

후배에게 물었다. 혹시 본인이 생각하는 워라밸이 자기중심적으로 편향되어 있는 건 아닌지. 균형이라는 요소를 망각하고 회사에 대한 기여도는 고려하지 않은 채 자신만의 시간을 바란 건 아닌지. 아마도 우리네 직장인이 그동안 직장에 뜯겨온(?) 것이 많은 약자이기에 손해 보지 않아야 한다는 마음이 들어 그럴 수도 있다. 하지만 적대적으로 마주하기엔 직장이라는 곳은 생각보다 얻을 게 많다. 잘 들여다보면 상부상조하여 서로의 성장에 도움이 되는 요소가 분명 있다. 그리고 그 요소는 균형을 잡을 때 더 명확하게 그 존재를 드러낸다.

함께 이야기하던 후배도 고개를 끄덕이며 스스로를 돌아보고 새롭게 다시 시작하겠노라고 했다. 그리고 언제든 도움이 필요하면 다시 연락하겠다고 했다. 후배의 뒷모습에서 새로운 다짐과 열정을 보았다. 이후 후배에게 뒤에 나오는 〈회사를 악용할 것인가, 이용할 것인가, 활용할 것인가〉라는 글을 보내줬다. 워라밸보단 회사를 바라보는 균형 잡힌 시각이 좀 더 필요해 보였기 때문이다.

회사를 악용할 것인가, 이용할 것인가, 활용할 것인가

회사의 존재 목적은 '이윤 추구'다. 이윤 추구는 곧 생존을 내포한다. 회사에나 개인에게나 모두 해당하는 말이다. 회사는 이윤을 만들기 위해 개인의 역량을 필요로 하고, 개인은 회사에 모여 성과를 낸 뒤 그 이익금을 공유한다. 이러한 생존을 지속하기 위한 필수 조건이 있다. 바로 '성장'이다. 성장하지 않으면 도태된다. 도태되면 사라진다. 도태와 소멸에 대한 두려움 때문에 오늘도 우리는 출근을 하고, 회사는 혁신을 위해 노력한다. 회사가 현재의 성과를 전년 대비, 전 분기 대비 등 지난날과 비교하는 이유도 여기에 있다. 생존을 위해 회사도 개인도 끊임없이 성장을 추구한다. 이러한 측면에서 나와 회사는 운명 공동체다.

보통 우리는 나와 회사의 연결 고리를 '월급'이라고 생각한다. 1차적으로는 맞다. 하지만 그 본질과 의미를 따져볼 필요가 있다. 회사와 나의 계약은 성장을 전제로 하고 있음을 상기해야 한다. 나와 회사가 그저 '돈'으로만 연결되어 있다고 본다면, 우리는 자기 급여에 절대 만족할 수 없다. 성장을 전제로 둘 사이를 바라보면 좀 더 생산적인 관계가 되고, 관점도 바뀔 수 있다. 성장 정도에 따라 우리는 회사를 악용할 것인지, 이용할 것인지, 활용할 것인지를 선택할 수 있다. 그리고 지금 자신이 어디에 위치해 있는지도 가늠할 수 있다. 회사를 악용하는 사람과 이용하는 사람, 그리고 활용하는 사람의 차이는 다음과 같이 설명할 수 있다.

(1) 회사를 악용하는 경우: 나의 성장 X, 회사의 성장 X

내가 대리였을 때, 퇴근하지 않기로 유명한 팀장님이 옆 팀에 있었다. 퇴근 시간이 한참 지났지만, 그분은 미동도 없이 앉아 있었다. 가끔 내가 새벽까지 야근을 하다가 퇴근을 하는 날에도, 그분은 여전히 모니터 앞에 앉아 있었다. 대체 얼마나 대단한 프로젝트를 하길래 저러는 건지 궁금했다. 두 달 뒤 그분은 권고사직을 당했다. 그분이 몰입하고 있던 건, 대단한 프로젝트가 아니라 인터넷 도박이었다. 팀원 중 몇몇은 그분에게 돈도 갈취당했다. 팀장이라는 위계를 악용한 것이다.

어느 비서는 임원 법인카드로 개인 물품을 사들였다. 바이어 선물용이라고 적은 뒤 시작된 작은 횡령은 후에 명품 가방과 구두, 옷가지를 사들이는 대범함으로 확대되었다. 횡령액이 수천만 원으로 불어난 뒤에야, 그 일은 수면 위로 떠올랐다. 믿고 맡긴 신뢰를 악용한 것이다. 또 어떤 직원은 해외 출장 중 빨래 서비스를 받을 수 있다는 점을 악용하다가 경고를 받았다. 출장 갈 때, 드라이클리닝이 필요한 겨울 코트나 고급 소재의 정장을 열 벌 이상 들고 가 작정하고 서비스를 받은 것이다.

이처럼 직원들이 회사를 악용하는 크고 작은 사례를 종종 목격한다. 회사를 개인 도박장으로 이용하거나 회사 돈을 개인의 용돈으로 사용하는 등 대부분 회사 규정을 준수하지 않는, 불법적인 영역의 것들이다. 이런 행위는 회사는 물론이고, 자신의 성장에도 전혀 도움이 되지 않는다. 오히려 자신을 망친다. 자멸로 향해가는 지름길이다.

(2) 회사에게 이용당하는 경우: 나의 성장 X, 회사의 성장 O

말 그대로 회사에 쪽쪽 빨리는 경우다. 직장인 대부분에게는 이러한 피해의식이 있다. 그래서 권고퇴직이나 해고를 당하면 어떻게 몇 년 동안 뼈 빠지게 일하며 충성한 나에게 이럴 수 있느냐는 항변을 한다.

회사가 강요하는 업무에 쫓기다 보면, 자신의 성장에 신경 쓸 겨를이 없다. 자신이 성장하고 있다는 느낌을 받지 못할 때 직장인은 그 일을 지속하기 어렵다. 따라서 직원의 성장을 도모하지 않고 착취하듯 부리는 회사는 당장은 굴러갈지 몰라도, 영속하기 어렵다. 이는 매우 근시안적인 경영 방법이다. 직원이 성장해야 회사도 성장할 수 있다. 직원 복지에 신경을 쓰는 회사가 하나둘 늘어나는 이유를 알아야 한다.

(3) 회사를 이용하는 경우: 나의 성장 O, 회사의 성장 X

좀 더 정확히 말하자면, 회사의 성장은 모르겠고 개인의 성장만 추구하는 경우다. 이 유형에는 받은 만큼만 일한다는 마음가짐의 소유자가 많다. 회사에 대한 자부심보다는 실리적 이득을 우선한다. 업무 시간이 끝나고 회사 사무실에서 유학 공부를 하는 사람도 있었다. 집에서 전기세 들이고 하느니, 회사의 공간과 기자재를 이용하겠다는 심보다. 개인적인 자료를 사무실에서 프린트하기도 한다. 자신이 회사에 기여하고 있으니, 회사를 어느 정도 이용할 권리가 있다고 생각한다. 이 또한 단기적인 관점에 머물러 있는 수준이라 말할 수 있다.

(4) 회사를 활용하는 경우: 나의 성장 O, 회사의 성장 O

회사에서 얻은 것을 활용해 나의 성장으로 연결시킴과 동시에 회사가 나의 성장을 독려할 수 있도록 이를 성과로도 연결하는 경우다. 국내영업·마케팅 부서에서 해외영업·마케팅 부서로 막 이동했을 때였다. 새로운 업무를 익혀야 했기에 업무 역량으론 도저히 경쟁에서 이길 수가 없었다. 그래서 내 이름 석 자를 어떻게 알릴까 고민했다. 마침 회사에서 직장인 동아리 활동의 일환으로 '인포멀 그룹'을 장려하던 때였다. 조직문화가 화두로 떠오르면서 활발한 활동을 하는 인포멀 그룹에 전폭적인 지원을 했다. 나는 곧바로 사내 밴드 신청서를 냈다. 혹시나 하는 마음으로 시도해본 것인데, 결과는 대성공이었다. 사내 밴드는 조직문화 개선의 상징이 되었고, 콘서트까지 성황리에 마쳤다. 콘서트 수익금을 기부해서 뉴스에도 나왔다. 덕분에 우리 회사는 유연한 조직문화를 운영하고, 수익금을 어려운 사람에게 기부한 회사라는 좋은 이미지를 얻었다. 나는 풍부한 지원을 받아 즐겁게 밴드 활동을 했고, 그 덕분에 내 이름 석 자를 빠른 시간 안에 이사진에까지 알릴 수 있었다.

나의 성장과 회사의 성장을 연결하니 재미있는 일이 일어났다. 회사에서는 비용을 투자해 나를 주재원으로 내보냈다. 기회를 얻었으니 당연히 사업적 성과를 내야 했다. 성과는 내가 주재하는 그 국가를 잘 이해할 때 나온다. 그래서 공부했다. 그렇게 쌓이고 쌓인 이해를 모아 책으로 출간했다. 그 책은 나의 후임자에게 인수인계 자료가 되었고, 해당 국가로 출장 가는 사람들은 책을 통해 그 나라와 시장을 이해했다.

사람과의 관계 맺기, 커뮤니케이션 기술, 보고서를 위한 엑셀과 파워포인트 기술, 성과를 내는 영업과 마케팅 전략, 회의 주관을 위한 기획 업무 등 밑바닥에서부터 배워온 것들을 바탕으로 나는 현직자를 대상으로 하는 강의를 한다. 이러한 지식은 또다시 새로운 책의 콘텐츠가 된다. 지겹도록 갈고닦은 보고 기술은 책의 목차를 잡고 스토리라인을 잡는 데 도움을 준다. 이렇게 내가 회사에서 하는 일이 나에게 새로운 기회를 계속 가져다주니, 본업을 소홀히 할 수가 없다. 회사를 통해 내가 성장하고, 나의 성장이 다시 회사의 성장으로 이어지며 선순환하고 있는 것이다. 언제 어디서 뭘 하든 요긴하게 써먹을 기술과 능력을 나는 하루하루 쌓아가고 있다. 내가 회사 일을 좀 더 열심히 그리고 잘하려는 이유다.

나도 회사에 이용당했던 때가 있고 지금도 그런 부분이 있다. 하지만 성장의 관점으로 보면 서로 윈윈할 수 있는 포인트가 분명히 존재한다. 회사와 내가 윈윈하는 관계가 되려면 일종의 '의미 찾기 과정'이 필요하다. 내가 하는 일이, 내가 해야 하는 일이,

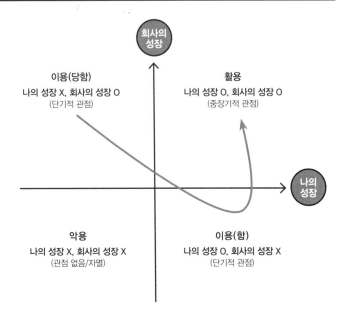

성장의 관점에서 본 나와 회사의 관계

이용(당함)
나의 성장 X, 회사의 성장 O
(단기적 관점)

활용
나의 성장 O, 회사의 성장 O
(중장기적 관점)

회사의
성장

나의
성장

악용
나의 성장 X, 회사의 성장 X
(관점 없음/자멸)

이용(함)
나의 성장 O, 회사의 성장 X
(단기적 관점)

회사가 나에게 주는 것이, 회사가 나를 힘들게 하는 것이 무슨 의미일까를 고민해보면 좋다. 그저 회사는 나를 괴롭게 하는 존재고 나는 떠나지 못해 꾸역꾸역 남아 있는 존재라는, '직장인 불행론' 프레임으로 보면 희망이 없다. 자기 자신을 더 힘들게 할 뿐이다.

나도 이렇게 직장생활에서 의미를 찾기까지 많은 시간이 걸렸다. 그리고 의미에 대해 생각하면서부터 많은 것이 변했다. 성장의 관점으로 의미 찾기를 하다 보면, 분명 나와 회사 모두에 도움이 되는 길을 찾을 수 있다. 그러면 때가 되어 회사를 나올 때 "아, 그동안 돈 받으면서 많은 걸 배웠다. 참 고마웠다!"라고 말할 수 있지 않을까?

**직장생활,
정답은 없고
오답은 있다**

　　　　　　　홍상수 감독의 작품 중에 〈지금은 맞고
그때는 틀리다〉라는 제목의 영화가 있다. 감독의 개인 상황에 비
춰보자면, 현재의 선택을 긍정하고 과거를 부정하려는 듯 보인다.
어찌 됐건 이 짧은 문장 안에는 두 가지 조건이 섞여 있다. 첫째는
'내가 바라보는 관점'이라는 것, 둘째는 '정답'이라는 잣대가 있다
는 것이다. 정답은 자신의 관점이나 상황에 따라 달라진다. 또 모
르는 일이다. 지금의 사랑에 후회하고 조강지처를 찾아가게 된다
면, 이 영화 제목은 바뀔 수도 있다. '그때는 맞고 지금은 틀리다'
로……

　사랑에서도 '맞고 틀리고'가 상황에 따라 뒤바뀌듯 직장생활 역

시 마찬가지다. 관점에 따라 '맞고 틀리고'가 역전되는 정도가 상상을 초월한다. 그렇다면 과연 '정답'이라는 게 있긴 한 걸까? 사람들이 정답에 거는 기대는 절대적이지만, 시시각각 변하는 관점은 허무할 정도로 상대적이다.

우리는 인생 내내 수많은 정답을 강요받는다. 정답 찾기를 얼마나 중요하게 여기는지, 시험에서는 아예 보기를 네다섯 개로 한정 짓는다. 제시된 보기 중에 반드시 정답이 있다는 의미다. 정답 칸을 비우면 가차 없이 오답처리 된다. 가끔 답이 두 개일 수도 있는 약간의 변수가 있긴 하지만 왠지 세상 모든 진리를 그저 몇 가지 보기 안에 가둬놓은 느낌이다.

이런 식의 교육과정에 길들여져서인지 우리에겐 '학생이라면 이래야 한다', '직장인이라면 이래야 한다'는 식의, 정답처럼 규정된 삶이 있다. 학생은 공부 열심히 해서 좋은 대학에 가야 하고, 직장인이라면 좋은 성과를 내서 인정받고 승진해야 한다. 그것이 우리가 강요받는 정답의 삶이다. 학생 때야 오지선다니 다섯 개 중에서 고르면 되지만, 직장인에겐 보기마저 없다. 그래서 더 어렵다. 사회에 갓 발을 들인 사회 초년생들이 뭘 어떻게 해야 할지 갈피를 못 잡고 힘들어하는 이유다.

열심히 한다고 해서 인정받는 것도 아니고, 눈치 보며 설렁설렁하는데도 승승장구하는 사람이 있다. 누군가는 죽어라 해도 일이 줄어들지 않고, 누군가는 널널하게 월급 루팡의 삶을 산다. 일 잘해서 인정받다가 어르신 모시고 과속방지턱 한번 잘못 넘어 미운털 박힌 사람, 일은 죽어라 못하는데 노래방에서 분위기 한번 잘살려 요직에 배치되는 사람, 모두의 인정을 받지만 임원의 문턱을 넘지 못하고 퇴사하는 사람, 아랫사람에게 업무 능력을 최악으로 평가받는데도 이상하게 승진을 거듭하는 사람, 빨리 승진한다고 좋아하다가 급격하게 내리막을 겪는 사람, 느리게 간다고 슬퍼하다가 앞서 나갔던 사람보다 더 잘되는 사람 등, 정말 별의별 사람이 다 모여 있는 곳이 바로 직장이다. 직장에서는 동화《개미와 베짱이》와는 다른 결론이 흔히 나온다. 따라서 직장생활에는 정답이 없다. 저마다의 생존이 첨예하게 대립하는 직장에서 정답을 기대한다는 것 자체가 사치다. 하지만 '오답'은 분명히 있다. 그것은 어쩌면 기본적인 매너에 달려 있다고 볼 수도 있겠다.

직장도 결국 '사람'이 모인 곳이다. 어수선하고 정답이 없는 직장생활 가운데서도, 직장인에겐 공통된 믿음이 하나 있다. 그래도 진심은 통한다는 것, 그 알량한 믿음은 아무리 정치가 판을 치고 공평하지 않은 일이 비일비재한 곳에서도 건재하다. 후배들에게 애정을 듬뿍 쏟았지만 결국 임원 타이틀을 달지 못하고 회사를 떠난 선배에게서 진심을 느꼈다면, 그 선배는 우리에게 있어서 정답은 아닐지 몰라도 오답이라 회자되진 않는다.

'오답'은 이도 저도 아닌 사람이다. 일도 못하고, 업무에 도움도 안 되는, 그렇다고 후배들을 챙기는 것도 아닌 사람 말이다. 뭐 하나라도 특출하고 도움이 되어야 다른 단점을 상쇄하여 정답과 오답의 사이에서 고개를 갸우뚱하겠지만, 그렇지 않다면 그 사람이 '오답'인 것을 누구라도 안다. 진심이 전해지지 않는 사람, 나에게도 너에게도 회사에도 도움이 안 되는 사람이라면 오답이라고 분명히 말할 수 있지 않을까.

후배들을 진심으로 사랑한 선배, 정치에 연연하지 않고 자기 일을 묵묵하게 잘해나가는 동료, 속도에 상관하지 않고 한 걸음 한 걸음 자신과 싸워나가는 후배, 이들이 우리가 기대하는 정답의 결과를 내놓는다면 얼마나 좋을까. 최소한 오답이라고 생각한 사람이 승승장구하는 모습만이라도 안 보면 얼마나 좋을까.

나는 오늘도 내 '진심'은 무엇인지 고민한다. 나에게는 진심이 있는가? 있다면 그걸 어떻게 사용할 것인가? 누구에게 어떻게 전할 것인가? 어찌 됐건 나는 '진심'이 내가 생각하는 '정답'에 그래도 조금은 가깝다고 생각한다. 서로에게 진심을 전한다면 직장은 조금 더 괜찮은 곳이 되지 않을까.

그들도 처음부터
상사는 아니었어

　　　　　"잘 몰라서 그래. 아빠도 태어날 때부터
아빠는 아니었잖아. 아빠도 아빠가 처음인데, 그러니까 우리 딸이
좀 봐줘."

　드라마 〈응답하라 1988〉에서 아빠 역할을 한 성동일이 둘째 딸
의 생일을 챙겨주며 건넨 말이다. 이 대사는 이 땅 수많은 부모의
마음을 대변했다. 절대적 존재로 바라봤던 부모가 사실은 나와 다
름없는 한낱 연약한 존재이며, 누구도 모르게 그렇게 좌충우돌하
고 있음을 보여주는 대사다. 우리는 왜 부모님도 서툴 수 있다는
생각을 하지 못했을까? 부모 되는 연습을 해본 적도 없고, 마음의
준비가 다 돼서 부모가 된 것도 아닌데 말이다. 직장에서의 상황

　　　　　　　　　　　　　　　　　　　　　　　직장 내공

도 유사하다. 직장생활을 하다 보면 어느 순간 우리는 '상사'가 된다. 따로 상사 연습을 하지도 않은 채 말이다.

오전 9시에 진행되는 팀원들과의 회의는 참으로 무겁다. 다들, 얼굴이 굳어 있다. 어제 과음을 한 팀원은 몸만 회의에 참석했을 뿐 정신은 저 멀리 다른 곳에 있는 것처럼 보인다. 우리 팀으로 내려온 과제에 대해 설명해야 하는데 시작하기도 전에 숨이 턱 막힌다. 과제를 잘해내기 위해선 팀워크와 열정이 필요한데, 팀원들의 모습을 보고 있자니 점점 더 자신이 없어진다. 다급한 마음에 주인의식이나 열정 타령을 하며, 내가 상사가 되면 절대 하지 말아야 다짐했던 말을 늘어놓기 시작한다. 회의 분위기는 그렇게 점점 더 무거워진다.

과제에 대해 상사에게 보고할 때가 됐는데 팀원들이 작성한 보고서 내용이 너무 허술하다. 분명 방향을 설정해주고 구체적으로 지시했다고 생각했는데, 작성해온 내용은 영 딴소리다. 내가 원했던 내용이 아니라고 하는 순간, 팀원들의 얼굴엔 '그럼 진작 제대로 알려주지, 왜 이제 와서 그래?'라는 말이 네온사인처럼 스쳐 지나간다. 사실, 나도 예전에 상사에게 가장 많이 (물론, 속으로) 했던 말이다.

나는 중간보고를 중요하게 생각하는 편이다. 하지만 팀원들이 자신들을 못 미더워한다고 느낄까 봐 나름 배려한다고 중간보고를 받지 않았는데 서로의 사인이 맞지 않은 것이다. 앞으론 중간보고를 좀 더 강조해야겠다고 다짐을 하는 와중에 나는 상사에게 불려간다. 상사는 진급에 대한 이야기를 꺼낸다. 우리 팀 실적이 좋은 편이지만 그래도 정해진 자리는 하나여서 두 명의 진급 대상 팀원 중 한 명만 진급할 수 있다는 이야기를 듣는다. 목에 핏대를 세우며 두 친구 모두 진급할 자격을 갖췄고, 누락되는 사람은 동기부여에 큰 문제가 생길 수 있다고 항변해보지만, 상사에게는 애초부터 내 이야기를 들을 생각이 없었다. 답정너, '답은 정해져 있으니 넌 대답만 하고 따르면 돼'라는 태도였다. 한 명을 떨어뜨릴 생각을 하니 괴롭지만, 마음의 결정을 내린다. 두 명의 업무성과는 동등하다. 누구 하나 빠지는 게 없다. 우열을 가리기 힘들다는 말을 이럴 때 쓰는 거구나 느낄 정도다. 그럼 누구를 선택할까? 결국 태도를 보게 된다.

좀 더 긍정적인 사람, 커피 한잔하자며 먼저 다가와준 사람, 빈말이라도 내 셔츠가 멋있다고 말해준 사람, 점심 때나 회식 때 내 옆에 흔쾌히 와서 앉아준 사람, 중간중간 내가 궁금해할까 봐 일의 진행 과정을 귀띔해준 사람, 내가 업무를 부탁하거나 지시했을 때 진심이든 아니든 웃는 얼굴로 받아준 사람……

마음속 어느 골짜기의 산봉우리에 서서 어느 영화의 여주인공처럼 이렇게 외치는 나를 상상한다.

"정말 미안해. 나도 어쩔 수 없는 (외로운) 사람인가 봐!"

자리가 사람을 만든다. 서는 곳이 달라지면 풍경도 달라진다. 때론 내가 그토록 미워하고 싫어하던 상사의 언행을 그대로 하고 있는 내 모습에 실망한다. 그와 더불어, 그동안 모셨던 상사들이 왜 그랬는지 이해가 되기도 한다. 그럼에도 난 나의 소신을 지키며 '지향'해야 할 것과 '지양'해야 할 것을 구분하고자 한다. 나 자신을 위해서도 그렇지만, 후배들을 위해서라도 말이다. 내 상사가 잘돼야 나도 잘되고, 우리 모두가 잘된다는 믿음, 때로는 입장 바꿔 헤아려주는 자세가 필요하지 않을까.

내가 만난 상사들도 당연히 처음부터 '상사'는 아니었다. 그들도 좌충우돌하며 잘못된 선택을 하거나 치기 어린 지시를 했을 것이다. 후배들을 머슴 부리듯 다루는 상사도 있었고, 후배들의 성장 과정을 배려해주는 상사도 있었다.

이제 우리는 자기 자신을 돌아봐야 한다. 언젠가 '상사'가 되어 있을 자신을 위해서 말이다. 이미 누군가의 상사라면 후배들을 생각하며 한번 되뇌어보자. "정말 미안해. 나도 상사는 처음이라……." 그러면 만감이 교차하며 '상사'로서 나아갈 길이 더 확고해질 것이다.

勝者の食卓

2장

직장생활의 고비를 여유롭게 넘기는 마음 내공

자비 없이 찾아온 슬럼프에 대처하는 법

쿵! 뭔가 떨어졌다. 급락하고 쇠퇴한 듯. 어느 날 갑자기 나락으로 떨어진 느낌, 서서히 다가온 이유 모를 무기력감. 누군가 파놓은 함정에 푹 빠진 것처럼, 누군가 음식에 넣은 알 수 없는 뭔가가 몸에 쫙 퍼진 것처럼, 마침내 올 것이 왔다.

'오랜만이야. 슬럼프.'

슬럼프는 남녀노소를 막론하고 찾아온다. 자비란 없다. 그중에서도 직장인에게 찾아오는 슬럼프는 으뜸이다. 사춘기에 그랬듯 그것을 벼슬처럼 누릴(?) 여유가 없기 때문이다. 사춘기야 으레 그러려니 하지만 직장이라는 인생 실전의 세계에서 슬럼프는 못난 변명으로 치부되기 십상이다. 자칫 그 슬럼프가 계속되어 성과를 내지 못하거나, 커뮤니케이션에 문제가 생기면 남은 직장생활에 부정적 영향을 끼칠 수도 있다. 그러니 슬럼프가 왔을 때, 직장인은 조심해야 한다. 슬럼프는 다음과 같은 증상을 동반한다.

첫째, 초심을 기억하지 못한다. 기억해도 별 감흥이 없다. 초심은 '슬럼프라는 자물쇠를 열어주는 열쇠'라는 말이 있지만, 언제나 통하는 '만능키'일 순 없다.

둘째, 만사가 귀찮다. 그저 본능에 충실해진다. 본능이란 녀석은 슬럼프를 만나 포텐이 터진다. 해야 할 일은 산더미인데, 다 미루고 잠을 잔다. 다이어트가 시급한데, 스트레스를 핑계로 주체하지 못할 정도로 마구 먹는다. 이후에 몰려오는 자책감은 슬럼프를 더 키운다.

셋째, 자신감이 사라진다. 내일이 기대되지 않는다. 이렇게 잠이 들어 깨지 않았으면 좋겠다는 생각이 들 때도 있다. 내일을 기대하며 잠들던 '행복한 피곤감'은 사라진 지 오래다. 목소리 자체에도 자신감이 없고 무기력하다. 자꾸만 위축되는 존재에게 내일의 희망이 있을 리 없다.

넷째, 무엇보다 행복하지가 않다. 행복하지 않다는 감정이 온 세포를 지배하고 만다.

예전엔 슬럼프라는 녀석과 참 많이도 싸워댔다. 불청객처럼 찾아온 슬럼프에서 당장 벗어나고 싶다는 생각에서였다. 그런데 벗어나려 애쓸수록 심해지는 증상을 경험하며 생각이 많이 바뀌었다. 어쩌면 슬럼프는 우리에게 보내는 쉬어가라는 신호 아닐까? 잠시, 아주 잠시라도 멈춰보라고 보내는 신호 말이다. 슬럼프가 보내는 신호를 감지하고 잠시 멈춰 서서 나와 주위를 둘러보자. 슬럼프는 열심히 달릴 때는 보이지 않던 다음과 같은 것을 생각하게 한다.

첫째, 방향을 생각하게 한다. '열심히 하는 것'보다 '잘하는 것'이 중요하고, 또 그것보다는 '무엇을, 왜 하는지 아는 것'이 중요하다. 죽을힘을 다해 뛰는데 결승선이 반대쪽에 있는 경우도 많다. 살다 보면 말이다.

둘째, 다른 사람을 생각하게 한다. 슬럼프가 나에게만 온 것 같지만, 관점을 달리해보면 오늘 직장에서 함께 일한 후배나 동료, 상사가 슬럼프에 빠져 있을 수도 있다. 각자의 '슬럼프 사이클'은 다르다. 성과를 잘 내지 못하는 후배나 실수를 연발하는 상사에게 실망감을 감추지 못했던 그때, 어쩌면 그들도 슬럼프였던 건 아닐까?

셋째, 지난날과 바로 오늘을 돌이켜본다. 슬럼프는 내일을 기대하지 않게 한다. 그러니 자연히 지난날을 돌아본다. 대부분 '후회'

로 연결된다. 좀 더 잘하지 못했던 것, 하지 말아야 했던 말들……, 자연스럽게 겸손해진다.

이제는 후배들에게 이렇게 조언을 하기도 한다.

"슬럼프라도 괜찮아. 자괴감이 들 때 바로 그때가 의미 있는 시간이야. 자신을 다시 세울 수 있는 좋은 기회거든."

물론 말은 이렇게 해도 나도 슬럼프로부터 자유롭지 않다. 그럼에도 나는 그 기회를 통해 스스로를 다시 세우려 노력한다. 정말로 그럴 수 있는 기회라는 걸, 경험을 통해 알고 있기 때문이다. 단, 직장생활은 프로의 세계이기 때문에 슬럼프가 오더라도 유념할 것이 있다. 가능한 슬럼프라는 티를 내지 말아야 한다. 슬럼프라고 하면 다들 위로해줄 것 같지만, 목표를 향한 공동체의 전진 앞에 구성원의 슬럼프는 걸림돌로 여겨질 수밖에 없다. 마음이 힘들겠지만, 최소한 내가 해야 하는 일과 책임은 완수해야 한다. 슬럼프와 싸우다 지쳐 그걸 나의 변명으로 사용하기 시작하면 부정적인 결과가 나올 수밖에 없다. 그리고 그 결과를 책임질 사람은 다름 아닌 나 자신이다.

혹시 지금 이 글을 읽는 당신에게 슬럼프가 온 것은 아닌지? 그렇다면 슬럼프를 피하려고만 했을 때는 보이지 않았던 것들, 슬럼프를 받아들일 때에야 비로소 보이는 것들을 마주해보는 것도 좋겠다. 잠시 쉬어가며 말이다.

아프니까
'대리'였다?

　　《아프니까 청춘이다》라는 제목의 책이 있
다. 이 제목 속엔 여러 가지 뜻이 담겨 있다. 이 책을 쓴 저자는 분
명 청춘을 위로하고 싶었을 것이다. 하지만 세상살이가 힘들어지
다 보니 많은 청춘들이 "아프면 환자지, 그게 청춘이냐?"라는 냉소
적인 말로 응수했다. 좋은 뜻은 저 멀리 사라지고, 이 말을 내뱉은
저자는 자신의 이름대로 난도질을 당했다.

　이 책의 제목을 처음 들었을 때 나는 대리 시절을 떠올렸다. '대
리'와 '청춘'이라는 단어는 어쩐지 잘 어울린다. 열정이 넘치는 것
도 그렇고, 방황하는 것도 같다. (환자처럼) 아프다는 것까지도!

　직장생활을 해보면 알게 된다. '회사의 모든 전략은 대리로부터

나온다!'는 말이 있다는 걸. 거의 모든 기획서나 전략보고서는 대리의 손을 거친다. 가장 손놀림이 빠르고, 신입사원보다 빠릿하게 알아듣는 상태, 그래서 대리에겐 일이 몰린다. 열정을 불태울 좋은 기회이기도 하지만 아플 확률도 그만큼 높다. 열정을 불태우다가 자신마저 타버리기 십상이다.

더불어 대리 시절은 방황의 시기다. 사춘기보다 더한 방황이 도사리고 있다. 열심히 일을 쳐내고는 있지만, 누구를 위해, 왜 하고 있나 하는 회의가 몰려온다. 무조건 열심히 하겠다던 신입사원 때의 순수함(?)이 조금씩 사라진다. 자신이 생각한 직장생활이 아니라는 생각, 더 잘못되기 전에 어서 이곳을 벗어나야 하지는 않을까 싶은 조급함, 평생 이렇게 살아야 하는지에 대한 현실적인 고민이 두더지 게임의 두더지 인형처럼 끝도 없이 머리를 내민다.

돌이켜보면, 원대한 포부를 가졌던 신입사원 시절에 내가 가진 절실한 소망은 '대리'가 되는 것이었다. 물론, 입사 전엔 CEO를 꿈꿨더랬다. 하지만 현실은 녹록치 않았다. 입사하고 1~2년이 지나자 내 마음속엔 여러 가지 이유가 적힌 사표가 즐비했다. 내가 생각한 회사생활이 아니라서, 저기 위에 상사가 행복해 보이지 않아서, 아직 준비되지 않은 직장인이라는 가면이 버거워서, 툭하면 나를 괴롭히는 선배가 미워서…….

하지만 거기서 나가떨어지면 진다는 생각이 들었다. 누구를 이기기 위해서는 아니었지만, 적어도 나 자신에게 당당하고 싶었다. 3~4년은 채워야 다른 곳으로 옮기더라도 그 경력을 계단 삼아 올라갈 수 있다는 것도 깨달았다. 그래서 대리라는 직급은 내가 가진 절실한 소망이었다. 막상 대리가 되니 어디론가 옮겨갈 수 있는 여유조차 없을 만큼 바빠졌다는 게 함정이었지만……. 어쩌면 그 바쁜 시절을 나도 모르게 즐겼기에 이렇게 십수 년을 버티고 있는지도 모르겠다.

질풍노도의 시기를 잘 이겨내고 있는 대리는 위대하다. 실무를 담당하는 회사의 역군일 뿐만 아니라 인생에선 한창 연애와 결혼, 자신이 원하는 것을 하나씩 이루는 시기다. 일도 하고 인생도 꾸려가야 하니 엄청난 에너지가 필요하다.

그렇다고 이 시기를 너무 두려워하거나 피할 필요는 없다. 아플수록, 흔들릴수록 그것이 성장의 기회라는 것을 알아차려야 한다. 운동 후에 오는 근육통은 다음 날 순발력과 지구력을 키워준다. 많이 흔들려본 자아는 곧게 설 수 있는 강직함과 요동하지 않는 여유를 갖추기 마련이다.

아픈데 무조건 참으라는 말이 아니다. 대리의 태생을 이해하고 왜, 무엇 때문에 자신이 그리 아픈지 돌아보는 게 중요하다는 뜻이다. 그러면 시간이 흘러, 아파하고 있을 다른 후배들에게 분명 진심을 담아 해주고 싶은 말이 생길 것이다. 자신도 모르게 그 아픔에서 벗어나고, 조금씩 더 성장하고 있는 모습과 함께.

가슴 뛰는 일을 해야 한다는 강박

'당신의 어릴 적 꿈은 월급쟁이가 아니었다!'

큰 건 못 걸겠고, 밥 한 끼를 걸고 감히 이렇게 단언한다. 큰 예외가 없는 한 내가 밥을 사야 할 사람은 없을 것이다. (혹시 있다면 연락 주시길……)

나 또한 어릴 적 꿈은 따로 있었다. 그래서 가끔은 '재능이 없어서 월급쟁이를 하는 건 아닐까' 하는 회의를 느끼기도 한다. 아침에 일어나 양치하고 샤워하고 출근길에 올라 격무를 한 뒤 밤늦게 퇴근하는 일상을 반복하다 보면 이런 생각이 더욱 강렬해진다.

'내가 살아 있긴 한 걸까? 내 심장은 뛰고 있는 걸까?'

흔히들 가슴 뛰는 일에 미쳐보라고 말한다. 달리 해석하면 '하고 싶은 일'을 찾아가란 말이다. 사실 우리네 직장생활은 이런 측면과는 거리가 멀다. 유관부서와 싸우거나 상사에게 영혼이 털리도록 깨졌을 때에나 가슴이 뛴다.

요즘은 취업이 힘들다 보니, 취업에 성공한 친구들은 직장인이 된다는 것만으로도 벅찬 감정을 느낄 수 있다. 그러고 보니 신입사원 시절엔 세상을 씹어 먹을 열정과 기대감으로 심장이 쿵쾅댔던 것 같다. 하지만 심장이 언제 떨린 적 있었냐 싶게 무덤덤해지기까진 그리 긴 시간이 걸리지 않는다. '하고 싶은 일'보다는 '해야 하는 일'을 하는 곳이 직장이라 그렇다. 내 뜻대로 되는 것이 거의 없는 곳, 그곳에서 가슴 뛰는 일을 찾기란 쉽지 않다.

10년 전이었다. 사내 록밴드를 만들어 연말에 콘서트를 했었다. 팍팍한 직장생활 속, 한 줄기 빛과 같은 순간이었다. 하나하나 콘서트를 준비하고, 성황리에 공연을 끝냈을 때에는 심장이 터져나가는 줄 알았다. 얼마 만에 맛보는 쿵쾅거리는 느낌일까. 온몸의 세포가 다 떨렸다. 내가 원하던 일, 좋아하고 즐겼던 일이었기에.

하지만 그 '하고 싶은 일'을 하기 위해 '해야 하는 일'도 많았다. 없는 시간을 쪼개서 연습하고 주말을 반납해야 했다. 작은 것부터 큰 것까지 기획하고 준비하는 모든 과정이 여간 어렵지 않았다.

단 두 시간의 콘서트를 위해 해야 했던 일의 양은 하고 싶은 일의 물리적 양보다 훨씬 많았다.

내가 좋아서 했던 콘서트 준비도 이러할진대, 우리 직장생활은 어떨까? '하기 싫은 일', '해야 하는 일', '하지 않으면 큰일 날 일' 등이 반복되는 와중에 우리 가슴이 설렐 수 있을까?

그런데 아이러니하게도, 해야 하는 일을 하다 보면 많은 것을 배우게 된다. 사람은 익숙하지 않거나 잘하지 못하는 일에는 소극적으로 변한다. 의지가 꺾이고, 열정도 사그라든다. 하지만 그만큼 새로운 영역을 넓혀가는 부분도 분명 있다. 나를 한번 돌아봤다. 갓 입사했을 때 엑셀을 잘했었나? 보고서는 잘 썼었나? 스토리라인을 잡고 논리를 세우고, 누군가를 설득하는 일에 익숙했나? 영업과 마케팅에 대한 지식은 어떤가? 돌아보면 직장인이 된 후 배운 것 천지다. 해야 하는 일을 하면서 수많은 것을 얻었다.

취업 준비생이나 사회 초년생들을 대상으로 하는 강의를 나가 보면, 그 친구들은 이러한 일을 하지 못해 안달이다. 시켜만 주면 영혼이라도 바치겠다는 의지를 보인다. 직장인인 우리는 일을 하는 동안 뭔가를 '배웠다'는 걸 인식하지 못하는 경향이 있다. 더러 그런 인식을 하더라도 '이걸 어디에 써먹겠냐'는 자조 섞인 말을 한다. 조금만 달리 생각해보면 우리가 하는 모든 일에는 (삽질까지도) 충분히 의미가 있다. 우리가 '해야 해서' 배운 것들이, 언젠가 가슴 뛰는 일을 할 때 도움이 될 수도 있기 때문이다.

그래서 말인데, 가슴 뛰는 일에만 집착하지 말고 지금 하는 일을 가슴 뛰게 해보는 건 어떨까? 초심을 돌아보고, 신입사원 때의 열정을 소환해보는 거다. 지금 하는 이 일이 언젠가 가슴 터지게 신나는, 내가 하고 싶은 일을 할 때 분명 도움이 될 거란 확신으로 말이다.

내가 다시 또 다른 밥 한 끼를 걸고 단언을 해보겠다.

'당신의 심장은, 이제껏 한 번도 멈춘 적이 없다!'

비록 강렬한 고동은 아닐지라도 우리 심장은 끊임없이 뛰었고, 그렇기에 결정적인 순간에 기운차게 솟구칠 수 있는 것 아닐까. 시도 때도 없이 가슴이 마구 뛴다면, 그건 병원에 가봐야 할 일이다. 우리 가슴은 언제고 (기분 좋게) 쿵쾅거릴 수 있다. 일상을 충실히 살아내고, 마침내 하고 싶은 그 일을 할 준비가 되었다면 말이다.

뭐든지 항상 잘할 필요 없어

어느 날 아침, 어처구니없는 일이 일어났다. 출근 준비를 위해 반쯤 뜬 눈으로 치약을 칫솔에 짜던 그 순간, 빼꼼히 나온 치약 한 덩이가 힘없이 스르르 바닥으로 떨어졌다. 헛웃음이 나왔다. 태어나서 치약을 짠 게 아마도 2만 번은 넘을 것 같은데. 그렇다면 나는 1만 시간, 아니 1만 번의 법칙에 따라 칫솔에 치약을 짜는 일에는 베테랑이어야 한다. 그렇게까지 생각하지 않아도, 칫솔에 치약 묻히는 일은 그리 어려운 일이 아니지 않은가.

갑자기 짜증이 몰려왔다. 이런 것 하나 제대로 못 하는 나 자신이 한심했다. 아마, 평소라면 곧바로 치약을 다시 짜냈겠지만, 사람이란 고달플 때는 별거 아닌 일에도 '의미'를 부여한다. 바쁜 아침이었지만, 잠시 그대로 서 있었다. 해외법인에서 본사로 귀임한 지 얼마 되지 않았던 터라, 새로운 곳에서 단기간에 자리를 잡아야겠다는 부담감이 컸다는 걸 깨달았다. 자리를 잡기 위해선 나라는 존재의 가치를 증명해야 한다. 즉, 일을 잘해야 하고 새로운 조직 내에서 긍정적인 첫인상을 줘야 한다. 나 자신을 잘 포지셔닝해야 하는 아주 중요한 시기, 아마도 그래서 뭐든 잘해야겠다는 무의식이 온 세포를 지배했던 것 같다. 그날 아침 치약을 떨어뜨린 순간 그렇게 난 뭐든 잘하려는 무거운 마음을 가진 나와 조우했다.

직장인은 '월급'과 '승진'을 기반으로 존재한다. 그 두 가지가 없는 직장에는 다닐 필요가 없다. 월급과 승진을 가능하게 하는 건 바로 '인정'이다. 직장에서 인정받으면 그 사람은 탄탄대로를 걸을 가능성이 높다. 승진은 물론, 고액연봉까지 거머쥘 수 있다.

인정받고 싶은 욕구는 인간의 본능이다. 우리는 어려서부터 인정받는 데 익숙했다. 태어난 것만으로도 축복받고, 배냇짓에, 뒤집기에, 걸음마라도 시작하면 온 가족이 박수를 치며 칭찬했다. 하지만 한 살 한 살 더해갈수록 인정받는 일은 점점 줄어든다. 누구보다 잘하지 않으면 뒤처지는 경쟁사회에서 뭔가 '성과'를 내보여야 간신히 인정받을까 말까다. 그래서 어떤 사람은 누군가로부터 인정받기 위해 자신을 포장하여 속이기도 하고, 범죄를 저지르기도 한다. 그렇게 사람들은 인정을 갈구하며 살아간다.

아마도 나는 '뭐든 잘해내는 것'이 인정받는 길이라고 생각하며 살아온 것 같다. 완벽주의자 성향을 가진 것까지는 아니지만, 뭐든 실수나 사고 없이 해내려 늘 조마조마해왔다. 그 일을 그르치면 혹시라도 주위 사람들이 실망하지는 않을지, 그래서 나를 싫어하게 되진 않을지, 인정받지 못하진 않을지 하는 두려움이 나를 둘러싸고 있던 것이다.

물론, 뭐든 잘해낸다는 게 나쁜 것은 아니다. 인정받기 위해 죽을힘을 다해 노력했던 일이 더 잘되기도 했다. 하지만 무엇을 위해 그리고 누구를 위해서 잘해내야 하는지, 그 본질을 놓치면 안 된다. 인생은 결국 자기 자신을 위해 사는 것이다. 내가 있어야 남도 도울 수 있다. 지나친 인정에 대한 갈망은 나를 위해 잘하려는 마음이 아니라, 남의 시선에 부응하기 위한 노력으로 그 본질이 변질된다. 내가 아닌 남의 시선에 집중하면 잘해내고도 항상 불안하고 뭔가 행복하지 않은 느낌이 든다. 만족이 없는 것이다. 나 자신에게.

치약을 흘리고 난 뒤, 다시 치약을 짜낼 때까지 고작 2분도 안 되는 시간 동안 주마등처럼 많은 생각이 스쳤다. 지금 내가 느끼는 이 부담감, 뭐든 잘하려고 나 자신을 몰아쳤던 압박감. 잘못되면 어쩌지, 인정받지 못하면 어쩌지 하는 공포. 하지만 난 대체 뭘 잘하려고 하는 건지, 누구를 위해 그리고 왜 그렇게 해내야 하는지를 다시 생각하게 되었다.

나를 위해 움직이고 다짐해야 한다. 남에게 인정받는 것은 그다음이다. '나에게 받는 인정'이 우선이어야 한다. 물론, 내가 나에게 실망할 수도 있다. 하지만 남은 나를 버릴 수 있어도, 나는 나를 버리지 못한다. 아무리 힘든 상황이 와도 결국 마지막 순간까지 나와 함께하는 존재는 바로 '나 자신'이기 때문이다. 따라서 언제나 기준은 내가 되어야 한다. 부모님의 기대, 상사의 기대, 회사의 기대 등 남에게 맞추기 위해 뭔가를 잘하려 노력하는 건 정도껏 해야 한다. 뭐든 잘해내면 좋겠지만 그러지 못할 수도 있다. 물론, 마지막 순간까지 최선을 다하긴 해야 한다. 누굴 위해? 바로 나를 위해서. 잘해내면 모두가 행복하고 좋겠지만 그렇지 못하더라도, 다른 사람들이 나에게 실망하더라도, 나는 나를 토닥일 수 있다. 그리고 그 속에서 '의미'를 찾으면 된다.

피카소가 화가로서 1,000개의 그림을 그리는 것을 목표로 잡았다면 그는 일찌감치 목표를 이루고 은퇴를 했을지도 모르겠다.

하지만 그의 목표는 이전보다 나은 그림을 그리는 것이었다. 오늘은 어제보다, 내일은 오늘보다 더 나아야 한다는 목표, 그러니 '끝'이 없었다. 이렇게 인생은 과정이다. 당장 취업을 하면 끝일 것 같지만, 취업 이후의 삶이 더 중요하다. 은퇴하면 끝일 것 같지만, 은퇴 뒤의 생활이 생각보다 훨씬 길기에 더 잘 준비해야 한다. 뭐 하나를 잘해내면 끝일 것 같지만, 그다음엔 그보다 더 어려운 상황을 마주할 수도 있다. 그러니, 뭐든 항상 잘해서 끝내려는 마음은 버려야 한다. 모든 것이 과정이라고 생각하면 마음이 편하다. '끝'이라고 생각하는 순간 우리 마음은 조급해진다.

이렇게 말하고도 나는 내일 또다시 인정받기 위해 조마조마한 마음이 들 것이다. 하지만 모든 것이 '끝이 아닌 과정'임을 되새기고 매 순간순간의 '의미'를 찾으려 노력할 것이다. 뭐든, 항상 잘할 필요는 없으며 항상 잘해내야 한다면 그 이유가 '나 자신'에게 있음을 한 번 더 상기하려 한다. 그래서 나는 이렇게 글을 남기며 다짐하고 있는지 모른다. 아마도 누군가의 인정을 받기 위해 아등바등하다가도 이 글을 읽고 다시금 마음을 다잡을 것이다.

그날 아침 힘없이 스르르 떨어진 치약에게 고마웠다. 나에게 전해주려고 애쓴 그 '의미'에 대하여.

인사이드 아웃, 감정이 하는 말을 들어봐

직장인이라면 하루에도 몇 번씩 오르락내리락 감정기복을 느껴봤을 것이다. 회사에서는 이해되지 않는 일이 수없이 일어나기 때문이다. 그런 일은 내 감정을 봐가면서 일어나지 않는다. 익숙해지면 깨닫게 된다. 흔들리고 상처받는 건 결국 내 마음뿐이라는 것을……. 그래서 연습이 필요하다. 직장에서 일어나는 모든 일을 감정적으로 받아들이고 반응하기엔 우리의 에너지가 한정적이다. 덜 상처받고, 마음의 안정을 찾기 위해선 그런 상황을 맞이했을 때 우리 감정을 있는 그대로 들여다볼 필요가 있다.

유럽에서 주재원으로 있을 때 어렵게 현지의 세일즈팀 직원들을 설득해서 전략 방향을 잡은 적이 있었다. 유럽 친구들은 논리로 움직이기 때문에 한국식으로 탑다운 지시를 하면 일이 진행되지 않는다. 사실과 논리를 근거로 설득하여 깨닫게 해야 움직인다. 그래서 긴 설득 끝에 어렵게 회의를 마치고 상사에게 결과를 보고했는데, 그 상사가 우리의 협의점을 엎어버리는 결정을 했다. 어려운 과정을 거쳐 잡은 방향이 모두 수포로 돌아가는 순간이었다.

왜 그 상사는 그런 말을 했을까, 차근차근 생각해보기로 했다. 만약 내가 신입사원이었다면 영문도 모른 채 갸우뚱했을 것이고, 3~10년 차 열혈 대리나 과장이었다면 그대로 들이박았을지도 모르겠다. 강산이 거의 두 번이나 바뀌는 동안 직장생활을 해온 터라 일단은 마음을 다잡고 상황을 돌아볼 여유를 찾을 수 있었다.

마침 그때쯤 〈인사이드 아웃〉이라는 애니메이션 영화가 개봉해서 봤는데 당시 내 감정을 돌아보는 데 큰 도움을 주었다. 그때 내 마음속에서 일어난 갖가지 감정을 대략 다음과 같이 정리해볼 수 있었다.

(1) '슬픔'은 우울하다

힘차게 하루를 시작했는데 우울함으로 얼룩져버렸네. 나름대로 잘 쌓은 결과를 상사가 와르르 무너뜨렸어. 상사는 아무것도 모르면서 왜 나를 바보로 만들었을까? 내가 진행했던 일의 경과에 대해 전혀 아는 바가 없는 것 같아. 아, 무기력하고 우울하다. 직장생활 참 쉽지 않네.

(2) '버럭'이 말한다

그걸 가만히 참고 있었어? 그때 바로 분명히 또박또박 이야기 했어야지! "아닙니다, 알고 계신 것이 틀렸습니다! 제가 이러이러한 것을 준비해서 만든 결과인데, 왜 아무것도 모르시면서 그렇게 함부로 쉽게 말씀하시나요? 이건 정말 아니라고 생각합니다!" 이렇게 바로 이야기 안 하면 상사들은 모른다니까? 가끔은 대들어야 해. 안 그럼 넌 계속 당하기만 할 거야. 그렇게 당하고 밥은 넘어가냐?

(3) '소심'은 생각한다

그런데 말야. 그렇게 바로 대놓고 이야기하면 앞으로 직장생활이 힘들어질 거야. 일단 사람들 앞에선 절대 상사에게 대들지 말라는 조언, 그동안 귀에 딱지가 앉도록 들었잖아. 상사가 맞든 틀리든 간에 말이야. 잘 참았어. 아무리 정의를 부르짖어도 그게 바로 받아들여지지 않을 뿐더러, 일단 살아남아야 나중에 정의에 대해서 말할 기회도 생기지 않겠어? 가끔은 돌아가는 것도 방법이야.

(4) '까칠'이 탄식한다

아이고, 참 잘났다. 지금 월급쟁이인 것 티 내냐? 이래서 월급쟁이가 초라하고 비참한 거야. 하긴 뭐, 바로 대든다고 뭐가 해결되겠어? 당장 속은 시원하겠지만, 그 후폭풍은 감당하기 힘들 거야. 그래도 아무 말 못했다고 생각하니 스스로 참담하고 자괴감이 들지? 어쩌긴 뭐, 이러면서 살아가는 거지. 월급쟁이가 뭐 있겠어?

(5) '기쁨'이 끼어든다

이야기를 들어보니, 느껴지는 게 참 많네. 난 늘 생각했어. 왜 다들 기쁘게 살지 못하지? 좋은 것만 생각해도 모자란 세상인데 말이야. 직장인에겐 늘 문제가 발생하고, 또 이걸 해결하며 살아가게 돼 있어. 그걸 통해 배우는 것도 많지. 문제가 없길 바라는 순간, 어쩌면 직장생활은 더 힘들어지는 것 같아. 멋지게 그 문제를 해결할 때 진정한 '기쁨'을 맞이할 수 있는 거거든.

인사이드 아웃, 마음 깊은 곳에서 솟아나오는 감정의 반응. 우리는 그걸 잘 살펴야 한다. 대놓고 하고 싶은 말을 내뱉어버리면 당장은 속 시원할 것 같지만, 정작 내가 원하는 메시지는 하나도 전달되지 않는다. 그리고 내 마음을 보호하기 위해서라도 상황에 따른 감정을 잘 돌봐야 한다. 나의 '인사이드'를 잘 챙기고, 그것이 어떻게 '아웃'되는지를 말이다. '인사이드 아웃'되는 모습이 자신의 이미지를 만들어간다는 사실을 잊지 말아야 한다!

안 괜찮은 날이
있어도 괜찮다

그날의 기분에 상관없이, 우리는 습관적
으로 이렇게 묻고 답한다.

"How are you?"

"I'm fine, thank you!"

그런데 어느 날 아주 색다른 대답을 들었다. 유럽에서 주재원
으로 근무할 때, 무거운 몸과 마음을 이끌고 출근해 사무실에 도
착한 동료에게 인사를 건넸다. 그 동료가 대답하기도 전에 내 귀
에는 "I'm fine"이 들려오는 듯했다. 하지만 그의 대답은 달랐다.

"I'm very bad today!"

내가 잘못 들었을까? 예상했던 대답을 밀어내고, 그 신선한 대

답이 귀를 통해 나의 머릿속에 인식되기까지 상당한 시간이 걸렸다. 사실, 그 대답은 내가 하고 싶은 말이었다. 실적에 대한 압박과 산더미같이 쌓인 일을 생각하며 출근했던 터라 더 그랬다. 뭔가 뒤통수를 맞은 느낌이었다. 누가 물어보면 그저 괜찮다고만 이야기하던 스스로가 가식적으로 느껴졌다. '그래, 맞아. 안 괜찮은 날도 있는 거지.'

직장인의 아침은 대개 힘겹다. 인정받고, 하는 일이 잘 풀려 즐거운 날도 있겠지만, 그건 손에 꼽을 정도다. 대부분의 하루는 힘겨움을 이겨내겠다는 다짐에 다짐으로 시작된다. 괜찮음과 불편함, 회의와 자부심 그리고 무거운 마음과 가벼운 마음이 찰나에도 여러 번 교차한다. 나의 장래희망이 월급쟁이는 아니었는데 싶으면 영혼마저 무거워지는 느낌이다.

어쩌면 우리는 습관적으로 하는 인사 속에, 자신의 무거운 감정을 숨기고 억누르려 했는지 모른다. 하루의 시작은 기분 좋아야 하고, 그래도 일할 곳이 있다는 데 감사하며 애써 웃음 지어왔다. 긍정적인 마음을 갖지 않으면 왠지 내가 잘못된 것 같고, 모든 상황을 활기차게 바라봐야만 정답인 것 같다. 긍정적인 마음과 자세는 물론 좋다. 꼭 필요하다. 하지만 '그래야 한다'는 강박 때문에 부정적인 감정을 숨기는 데만 급급한 건 아닐까?

우리는 직장인이기 전에 '사람'이다. 그것을 잊지 말아야 한다. '사람'인 우리는 감정을 느끼고 표현하며 받아들여야 한다. 부정적이거나 슬픈 일이거나 지치고 어두운 것이라 할지라도. 감정을 제대로 마주하지 못하면 사람은 영혼까지 아플 수 있다.

회의감이 들 때, 지치고 힘들 때, 우울하고 무기력할 때 비로소 우리는 자신을 바라본다. 어쩌면 자신을 찬찬히 바라보라고 그렇게 힘들고 어두운 건지도 모른다. 애써 보내는 신호를 우리는 그저 가식적인 긍정으로 외면해왔던 건 아닐까? 자기계발서에서 그토록 강조하는 긍정성을 갖지 못했다고 자책하면서 말이다.

이럴 땐 가슴속 깊은 곳에서 밀려오는 회의감과 무거운 마음을 오롯이 받아들이고 나 자신과 대화해야 한다. 그러한 감정은 어디서 오는지, 왜 오는지, 그렇다면 나는 무엇을 어떻게 해야 하는지……. 당장의 답이 보이지 않더라도 이런 대화는 꾸준히 해야 한다. 마음이 부정적인 신호를 보낼 때 주의를 기울여야 한다. 긍정이라는 가식으로 포장하고 넘길 일이 아니다. 내가 나에게 솔직하지 못하고 나와의 대화를 외면한다면 우리 삶은 어떻게 될까? 그런 의미에서 오늘 하루는, 그리고 어느 한동안은, '안 괜찮아도 괜찮다!'

회사만 가면 울렁증이 생기는 이유

영화배우 이병헌 씨가 〈싱글 라이더〉라는 영화에 출연했을 때다. 한 생방송 예능 프로그램이 영화 개봉 당시 현수막을 만들어서 그를 섭외하려 한 적이 있었다. 그는 출연을 고사했다. 그 예능 프로의 열혈 시청자고, 호스트와도 친분 관계가 있었지만 이렇게 말하며 끝내 출연하지 않았다.

"나는 사실 생방송 울렁증이 있어서 자신이 없다. 시상식도 무섭다."

할리우드 진출까지 한 베테랑 영화배우가 이런 말을 하니 의외긴 하지만 생방송을 부담스러워하는 마음은 충분히 이해가 된다. 한 치의 실수도 허용되지 않는 상황, 녹화방송이라면 편집으로 회피할 수 있는 많은 어려움을 그대로 안고 가야 하는 상황은 누구에게도 쉽지 않다.

이런 면에서 나는 우리 삶이 항상 '생방송'인 것 같다. 뱉은 말을 주워 담을 수 없고, 이미 지난 과거는 되돌릴 수 없으며, 앞으로 어떤 일이 일어날지도 모른다. NG가 났다고 편집할 수도 없다. 인생의 정수가 응축된 직장은 그래서 더더욱 생방송 무대와 같다. 아침에 눈을 떠 잠자리에 들 때까지, 가장 많은 시간을 보내는 '무대'가 바로 직장이기 때문이다. 혼자만의 시간이라면 잠시라도 카메라에서 벗어날 수 있지만, 직장에 출근한 이상 우리는 쉼 없이 돌아가는 카메라 앞에 서야 한다. 각본은 없다. 발생하는 모든 상황에 맞춰 대응해야 한다. 그것도 잘. 그렇지 않으면 방송사고로 결론 난다.

각본이 없으니, 각자의 애드리브가 난무한다. 저 사람은 왜 저런 애드리브를 날릴까. 나는 왜 이런 애드리브를 날렸지? 하루하루, 순간순간이 생방송이다 보니 생각지 못한 일이 수두룩하게 발생한다. 임기응변과 정치, 각자의 위기대처 능력은 생방송이라는 상황에서 극대화된다. 합을 맞추지 않은 어설픈 연기는 서로 상충한다. 그러니 갈등도 많이 생긴다.

생방송 울렁증을 호소하는 사람도 많다. 평소에는 흥이 많고, 대인관계가 좋은 사람이 회사만 오면 의기소침해진다. 알게 모르게 공황장애를 겪기도 한다. 나도 가끔은 직장에 있는 시간 내내, 발가벗겨져 어느 무대 위에 올라 있는 것처럼 느낄 때가 있다. 나도 모르는 나의 이야기가 여기저기 떠돌고, 내 의지와는 상관없는 일이 훅 치고 들어올 때면 더 그렇다.

상사에게 보고하거나, 거래처 앞에서 프레젠테이션 하는 일 또한 영락없는 생방송이다. 없던 울렁증도 생긴다. 자칫 실수라도 하면 이미지에 큰 타격을 받을 수 있기 때문이다. 이미지가 한번 잘못 형성되면 직장생활 내내 힘들다. 그래서 우리네 직장인은 매 순간 살얼음판을 걷는 심정으로 직장생활을 하고 있다.

하지만 이러한 생방송도 능수능란하게 잘 이끌어가는 사람이 분명 있다. 카메라 앞에서 벌벌 떠는 것이 아니라, 카메라의 움직임을 주시하여 미리 파악하고, 각본은 없지만 축적된 노하우로 적절한 애드리브를 구사하는 사람, 말 그대로 '고수'다. 경험이 애드리브를 뒷받침하기도 한다. 생방송도 자주 출연하다 보면 어떤 돌발상황이 생겨도 잘 대처할 수 있기 때문이다.

그런 면에서 우리는 우리 삶의 '연출자'가 되어야 한다. 내가 출연하는 생방송의 시청률은 내가 책임져야 한다. 연출함으로써 조금은 더 주체적으로 반응할 수 있다. 울렁증 때문에 카메라조차 쳐다보지 못하면 그 상황이 계속될 뿐이다. 카메라의 움직임, 사람들의 반응, 내가 어떤 일을 당했을 때의 태도, 주변 세트와 소품까지 그냥 지나치던 것들을 주의 깊게 연출자의 눈으로 살피다 보면 어느 순간 보인다. 나한테 왜 그러는지 도통 모르겠는 사람의 유형, 어떤 일이 발생하는 빈도나 패턴 등이 말이다. 그러면 우리는 생방송에서 일어나는 돌발상황에 좀 더 잘 대처할 수 있다. 때론 생방송의 묘미를 즐기기까지 하면서.

이미 삶이라는 카메라는 돌고 있다. 바라든 바라지 않든 우리는 이미 무대에 올라왔다. 울렁증을 느끼는 건 당연하다. 그럼에도 조금이라도 연출하는 범위를 넓혀보려 노력해야 한다. 나의 행복과 생존 그리고 삶을 위해!

조직에서 존재감을 찾고 싶다면

　　몇 달 만에 체중이 20kg 가까이 늘어난 적이 있다. 술과 담배를 좋아하지 않는 탓에, 스트레스를 받으면 먹는 걸로 푸는 버릇이 있긴 하지만 20kg이나 증가한 건 보통 수준을 훨씬 뛰어넘었다. 원인은 극도의 스트레스였다. 지금까지의 직장생활 중 가장 힘든 시기였던 것 같다. 그때 알았다. 직장에서 가장 힘들 때는 일이 많아 야근을 밥 먹듯이 하며 허덕일 때가 아니라, 조직 내에서 존재감이 없을 때라는 걸. 지금 다시 떠올려봐도 그 시절의 기억은 매우 어둡고 우울하다.

　　입사 3년 차에 나는 부서 이동을 했다. 직장에서 부서 이동은 대개 다음 중 하나에 해당한다.

- 부서가 없어졌거나, 조직개편이 된 경우
- 일을 못해 방출된(내 의지와는 상관없이 밀려 나가는) 경우
- 일을 잘해 스카우트되는(누군가 끌어가는) 경우
- 내가 정말로 원하는 업무가 있어서 사전 작업을 통해 이동하는 경우

    당시 부서 이동을 했을 때, 난 이 상황 어디에도 속하지 않았다. 국내영업 부서에 속해 있던 내가 해외영업 부서로 이동하려다가 걸린 것이 문제였다. 인사부서에서는 괘씸죄를 살짝 적용하여 본부 내 마케팅부서에 일방적으로 발령을 냈다. 결론은 낙동강 오리알 신세였다. 그 부서는 한마디로 잘나가는 곳이었고, 누군가가 자기 후배를 끌어오려 사전 작업을 하던 중이었다. 그런데 내가 그 자리로 발령이 났으니, 그 부서 누구도 바라지 않은 엉뚱한 사람이 들어오게 된 셈이었다. 내가 원해서 간 것도 아니고, 그렇다고 누가 끌어준 것도 아닌 상황. 나를 포함해 모두가 의아해할 수밖에 없는 결정이었다. 나중에 들었지만, 그 부서 사람들은 내가 낙하산을 타고 내려온 줄 알았다고 했다. 그러니 당시 나를 바라보는 시선이 곱지 않을 수밖에 없었다. 신입사원을 갓 벗어난 나는 3년 만에 그렇게 또다시 '비기너'가 되었다. 그것도 '낙동강 오리알 비기너'.

그때부터 비기너의 설움이 시작되었다. 사람들은 나를 투명인간 취급했다. 역량은 검증되지 않았고, 평판에 대한 정보도 없고, 끌어준 사람이 없으니 누구 하나 나에게 먼저 손을 내밀지 않았다. 하루종일 멍하니 책상에 앉아서 나 없이도 잘 돌아가는 일과 사람들을 구경했다. 신입사원 때보다 더 혹독했다. 3년 차인 사원은, 자신에게 일이 주어지지 않는다는 게 무엇을 의미하는지 누구보다 잘 알기 때문이다.

살이 찌기 시작했다. 얼굴은 웃음기 없이 점점 굳어가고, 몸과 마음은 물론 영혼까지 지쳐갔다. 갑자기 이러다 죽을 수도 있겠다는 생각이 들었다. 숨 쉬기도 힘들었고, 무엇보다 영혼이 망가지는 그 느낌을 견디기 힘들었다. 다른 사람들이 무시하는 대로, 투명인간 취급하는 대로 가만히 있으면 안 되겠다는 생각이 들었다. 흐름을 바꿔야겠다는 오기가 생기기 시작했다.

'존재감 찾기'의 시작은 '자신감'이었다. 살이 찌면서 떨어진 자신감에 누가 말 붙이기도 싫을 만큼 굳어 있는 얼굴까지, 나 같아도 손 내밀지 않을 거라는 생각이 들었다. 내 상태를 있는 그대로 인정한 후 매일 아침 출근하면 컴퓨터가 부팅되는 동안 화장실에서 웃는 연습을 했다. 어색했다. 축 처져 있는 입꼬리를 두 검지손가락으로 쭈욱 끌어올렸다. 그리고 운동을 시작했다. 그저 뛰기만

하는 것이 지루한 내게 스쿼시는 궁합이 잘 맞는 운동이었다. 그렇게 석 달 만에 20kg을 뺐다.

이제 '흐름'을 바꿀 시간, 사람들이 손 내밀어주길 기다리는 대신 내가 먼저 그들에게 손을 내밀었다. 남들이 하기 싫어하는 자질구레한 일을 자진해서 도맡았다. 생각해보니 사람들이 일을 안 준다고 서러워만 했지, 내가 일을 찾아볼 생각은 하지 않았던 것이다. 다른 사람이 바빠서 못 챙기는 일, 힘들어서 버리는 일은 나에게 보석과도 같았다.

단순 심부름부터, 시장조사, 경쟁사와의 소송 진행까지……. 소송에서 패하면 개인 성과에 부정적인 영향을 미치기에 선배들은 그 일을 기피했다. 당장의 업무 처리가 우선이어서 그들에겐 현장에 나갈 시간도 부족했다. 그런 일을 대신하며 많은 것을 배웠다. 나에겐 잃을 것이 없었고, 그게 오히려 용기가 되었다. 그렇게 점차 조직에서 없으면 안 되는 사람이 되어갔다. 사람들은 나에게 웃으며 인사했고, 나에겐 더 많은 일이 주어졌다.

영원히 끝나지 않을 것 같던 비기너의 설움을 그렇게 극복하고 그 부서에서 2년을 근무했다. 그곳을 떠나 해외영업 부서로 옮겨 갈 때 많은 사람이 아쉬워하고, 또 누군가는 눈물을 보였던 기억이 난다.

시작이란 늘 설렘과 두려움을 동반한다. 그 경험 이후에도 나는 운 좋게도 여러 부서와 해외 지역 파견근무를 경험했다. 비기너의 시간이 반복된 것이다. 그때마다 예전에 힘들었던 시간을 떠올렸다. 자신감을 갖고 궂은일을 도맡았다. 직급에 상관없이 사람들에게 먼저 다가갔다. 그러면 어느새, 먼저 온 자가 나중 되고, 나중 온 자가 먼저 되어 있었다.

지금 속해 있는 조직이 영원할 것 같지만 그렇지 않다. 내가 떠나든, 조직이 떠나든 언젠간 변화가 일어난다. 나는 비기너가 될 수도 있고, 또 다른 비기너가 나 있는 곳으로 오기도 한다. 그건 직장생활은 물론이고, 다른 어느 곳에서도 반복될 운명이다.

비기너로서 존재감을 찾으려면 자신감을 바탕으로 사람들에게 먼저 다가가야 한다는 것, 그리고 비기너의 삶은 언제든 반복될 테니 겸허하게 다른 비기너를 도와줘야 한다는 것을 잊지 말기 바란다.

때론
'안 되면 말고'의
정신이 필요해

　　　　　직장에서 살아남는 과정은 참으로 피곤하
다. 안 되는 것을 되게 하려고 하루에도 몇 번씩 몸부림하기 때문
이다. 재밌는 건, 상사가 그렇게 지시하거나 강요하기도 하지만 자
기 스스로를 다그칠 때도 많다는 것이다. 한국인이라는 핏속에 자
리 잡은 악바리 근성이 작동하기도 하고, 실패하는 걸 용납할 수
없어 자존심을 걸고 덤벼들기도 한다. CEO를 꿈꾸며 열정을 불
태우는 마음가짐 등이 스스로를 떠밀기도 한다.

　나는 '안 되면 되게 하라'는 말이 싫지 않다. 우리 능력을 한껏
끌어올리는 원동력이기 때문이다. 그런 말에 동기부여를 받아서
나도 모르던 능력을 발휘한 적도 많고, 정말로 안 될 것 같은 일을

해내서 짜릿한 쾌감을 느낀 적도 있다. 하지만 그렇게 애를 썼는데도 일이 잘되지 않았을 때, 안 될 것 같다는 걱정으로 시작부터 기진맥진할 때, 극한에 다다랐는데도 원하는 능력이 나오지 않을 때, 기대했던 것과 다른 방향으로 일이 흘러갈 때, 우리는 필요 이상으로 낙심하곤 한다. 내가 수행했던 프로젝트가 상사에게 보기 좋게 까이고, 나보다 잘날 것 없는 동료가 더 잘나가고, 열심히 했는데 사람들에게 인정받지 못한다는 생각이 들 때, 우리는 끝없이 초라해진다.

그런 순간엔 이런 생각이 든다. '왜 항상 안 되는 것을 되게 해야 하지?', '왜 극한까지 나를 밀어붙이며 초능력이라도 발휘하려 하지?', '무엇을 위해, 왜 이렇게 해야 하지?'

그 이유가 만약 '생존'이라면, 대체 우리는 왜 생존해야 하는가? 결국, '행복한 삶'이라는 궁극적인 인생의 지향점을 상기해보니, 비로소 고개가 끄덕여진다. '나'를 위해 그토록 격렬히 살아왔는데, 그 과정에 정작 '나'는 없었던 게 문제였다.

때론 '안 되면 말고'의 정신이 필요하다. '안 되면 되게 하라'는 정신으로 최선을 다했는데도 안 되는 데에는 이유가 있다. 나에게 문제가 있는 게 아니라 상황이나 상대가 이상한 것일 수 있다. 또는 내가 원하던 그 뭔가가 나와 맞지 않는 운명일 수도 있다.

안 되는 것도 되게 하는 힘. 직장인에겐 초능력이 있다. 하지만 정체성을 잃은 슈퍼히어로로는 위험하다. '나'를 찾아야 한다. 때론 일이 안 풀려도 그게 나를 해칠 수는 없다는 배짱이 필요하다. 생존이 항상 처절한 것만은 아니다. 생존하는 법 속에는, 인류가 발전해온 비밀과 해법이 있다. 회사는 이익을 추구하며 생존해나가는 존재다. 직장인이라는 타이틀은 회사가 존재할 때 성립한다. 그러니 상부상조해야 한다. 건전한 관계로 말이다. 회사가 건전하지 않으면, 나라도 건전해야 한다.

이야기가 좀 거창했다. 요약하자면 '안 되는 것도 되게 할 만큼 열심히 잘하자'는 말이다. 단, 다른 누구를 위해서가 아니라 자기 자신을 위한 일이라는 생각으로……. 시작도 하기 전에 두려운 마음이 들거나, 최선을 다했어도 일이 잘 안 풀렸다면 마법의 주문을 읊조리자. 이 짧은 마법의 주문은 뭔가를 시작할 때 전에 없던 대범함을 줄 것이고, 결과가 좋지 않더라도 나를 지켜줄 것이다.

'안 되면 말고! 그래도 나는 괜찮다.'

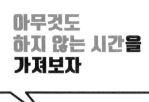

아무것도
하지 않는 시간을
가져보자

우리네 직장인이 가장 하고 싶어 하면서도 가장 서툰 것, 바로 '휴식'이다. 그동안 제대로 쉬어보지 못한 탓이다. 시간이 남아도 뭘 할지 몰라 방황하기도 한다. 휴식을 뜻하는 'Relax'라는 단어는 아래와 같이 따로 떼어놓아야 그 뜻을 더 잘 알 수 있다.

re(다시) + lax(느슨한)

우리는 느슨해지는 것, 즉 쉬는 것을 불안해하는 경향이 있다. 쉰다고 생각하면 마무리해야 할 일이 자꾸 떠올라 마음이 무겁다.

때론 죄책감이 들기도 한다. '아무것도 하지 않고 쉬는 것'은 즐겁고 쉬운 일일 것 같은데 그렇지가 않다. 그저 털썩 앉아 쉬면 되는데 양손과 어깨에 뭔가를 짊어지고 멀뚱하게 이러지도 저러지도 못하고 서 있는 느낌이다.

어쩌다 일찍 퇴근하여 집에 왔다고 하자. 무엇을 해야 할지 모르지만, 뭐라도 해야 할 것 같은 생각이 든다. 영화를 보자니 시간이 허무하게 지나갈 것 같고, 음악을 듣자 하니 한두 곡 이상 연속으로 들을 자신이 없고, 운동을 나가자니 오늘 하루 해봤자 무슨 소용 있을까 싶고, 생각만 하던 공부를 하자니 엄두가 안 나고, 편하게 앉아 TV나 보자니 시간을 그렇게 보내서는 안 될 것 같다. 결국 무엇 하나 제대로 시작하지 못하고 시간만 흘려보내는 우리 자신을 발견하고 만다. 그렇게 잠자리에 들어도, 시간을 잘 보내지 못했다는 생각에 잠을 이루지 못한다. 악순환의 시작이다.

많은 직장인이 이처럼 제대로 '쉬는 법'을 모른다. 어쩌면 우리 정서에 각인된 '휴식'이라는 개념이 남달라서일지 모른다. 생존을 위해 쉼 없이 달려온 우리 민족의 핏속에는 '근면과 성실'에 대한 집단 강박이 자리 잡고 있는 듯하다. '빨리빨리'라는 말이 괜히 필요했던 게 아니다. 이런 사회 분위기 속에서 휴식은 '뒤처짐'의 멍에를 쓰고 말았다. 그래서 늘 휴식을 갈망하지만, 막상 쉴 수 있는 시간이 생겨도 마음껏 즐기지 못하는 것이다. 마음이 불편한 휴식은 휴식이 아니다.

그럼 직장인에게 의미 있는 휴식이란 뭘까? 역설적으로 보면, 휴식은 '의미'가 없어야 한다. 그 어떤 것도 필요 없는 것이 맞다. 우리는 휴식을 의미로부터 해방시켜야 한다. '다른 사람들은 어떻게 쉴까?', 'CEO들은 주말에 뭐 할까, 무슨 책을 읽지?', '저명한 인사들은 여가시간을 어떻게 보람되게 보낼까?'를 우리는 궁금해 한다. 우리 사회 오피니언 리더들이 휴가 기간에 읽는 책 목록을 만드는 것도 참 웃픈 현상이다.

오디오를 켜고 흘러나오는 음악에 기분을 맡기고 눈을 감아보자. 말 그대로 멍을 때려본다. 흘러가는 물에 몸을 맡겼다고 상상한다. 모르는 노래가, 친숙한 노래가, 들리지 않던 가사가, 잊고 있었던 과거 일에 대한 생각과 느낌이 자연스레 함께 흘러간다. 쉬고 있다는 느낌이 들기 시작한다. 생각을 풀고, 몸을 풀고, 마음을 풀고, 정신을 풀었을 때 진정한 '휴식'이 찾아온다.

쉴 때 자책하지 않았으면 한다. 가만히 늘어져 있어도, 아무 생각도 않고, 정말로 아무것도 하지 않더라도 말이다. 일을 마치고 집에 돌아와 쓰러지듯 눕는 자신을 보며 한탄하지 말자. 퇴근하고 아무것도 하지 않은 나를 비난하지 말고, 내가 왜 이렇게 힘든지 생각해보자. 출근길 하나만으로도 지칠 수 있다. 직장에서 생존 전쟁을 마치고 집으로 돌아온 나 자신을 안아줘야 한다.

풀어지고 풀어져서 마음이 편안해지면 하고 싶은 일이 떠오를 것이다. 그때 일어나 운동을 하거나 독서를 하면 된다. 스스로를 괴롭혀 너무나 수고한 육체와 영혼을 닦달하지 않아도 된다. 미래에 대한 불안 때문에, 현재의 나를 탄압하지 말자. 아무것도 하지 않는 것이, 진정한 삶의 활력소가 될 때도 분명 있다. 이완시킬수록 정신이 또렷해질 수 있다. 우리가 바라던 진정한 '휴식'은 아무것도 하지 않을 때 불쑥 찾아온다.

그러니, 때론, 아무것도 하지 말아보자. 그래도 괜찮다. 정말 괜찮다. 세상 무너지지 않는다. 다시, 느슨해져보자. 절실하고 격렬하게.

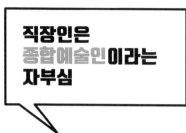

직장인은 종합예술인이라는 자부심

뜻금없을지 모르지만 언젠가부터 싸이의 '연예인'이라는 노래를 들을 때마다 직장인의 삶이 오버랩된다.

그대의 연예인이 되어 항상 즐겁게 해줄게요.

연기와 노래, 코미디까지 다 해줄게.

그대의 연예인이 되어 평생을 웃게 해줄게요.

언제나 처음 같은 마음으로.

직장인은 정말 다재다능한 연예인이자 예술인 같아서다. 한때 난 직장인에 다소 부정적인 이미지를 갖고 있었다. 내가 생각하던 직장인은 월급에 의지한 채 젖은 낙엽처럼 책상을 붙들고 버티는 존재였다. 하지만 '직장인'이라는 정체성으로 20년 가까이 살아보니 이제 좀 알겠다. 직장인만큼 많은 것을 경험하고, 다양한 문제 상황을 헤쳐나가며, 치열하게 사는 존재도 없노라고. 그래서 요즘 난 자신 있게 말한다. 직장인은 정말 대단한 존재라고 말이다.

한번 생각해보자. 만약 당신이 해외영업과 마케팅을 담당하고 있다면, 기본적으로 그 업무에 능통해야 한다. 그뿐이 아니다. 보고서 하나를 쓰려면 작가가 되어야 한다. 각 자료에 나타난 숫자의 맥을 알아차리려면 수학자, 논리학자도 되어야 한다. 해외에서 바이어라도 오면 어떤가? 한국에 대한 좋은 추억을 선사하기 위해 유명한 관광지와 맛집으로 인도하는 여행박사가 되어야 한다. 회사생활 전반에 걸쳐 알아야 할 매너와 사람 대하는 법에 능통해야 함은 물론 자신의 생존을 위해 정치를 하는 '정치가'의 역할도 해낸다. 힘들어하는 후배를 위해 '멘토'가 되기도 하고, 똑똑한 팀원들을 잘 이끌기 위해 더 똑똑한 '리더'도 되어야 한다.

직장인에게는 이처럼 해야 할 일이 많다. '일'이란 그 경계가 생각처럼 뚜렷하지 않다. 그래서 힘들고, 또 그래서 많은 것을 경험한다. 내가 가진 역량을 펼치려 들어왔지만, 그 이상의 것을 필요로 하는 곳이 직장이다. 못하더라도 해내야 하는 곳, 못할 줄 알았는데 의외로 잘하는 것도 발견하게 되는 곳이다. 일이란 고달프지만, 때로는 우리에게 신선한 자극을 준다. 오늘은 이것도 해봤고, 저것도 해봤고, 이것을 배웠고, 저것을 배웠다고 생각한다면 찾아낼 의미가 상당하다. 직장생활은 '끝'이 아니기 때문이다. 결국 우리가 바라는 어느 삶의 지향점으로 가는 과정이라 생각한다면, 직장에서 많은 것을 경험하고 배우는 것도 나쁘진 않을 것이다.

  어렸을 때의 꿈을 뒤로하고 직장인이 되었을 때, 난 할 줄 아는 게 없어서 직장인이 되었다는 회의를 하곤 했다. 하지만 지금은 할 줄 아는 게 제법 많아졌다. 물론, 더 배워야 할 것도 많다. 가끔은 월급 받으면서 많은 것을 배운다는 생각을 하기도 한다.

  종합예술인으로서의 삶은 쉽지 않다. 여러 가지를 한꺼번에 잘해야 하는 삶이 순탄할 리 없다. 모든 것은 생방송이고, 한 치의 실수라도 하면 NG가 난다. 하지만 각자의 '생존'과 '성장'이라는 관점에서 보면 분명 그럴 만한 가치가 있다. 같은 종합예술인의 삶을 살고 있는 직장 동료와 선후배를 다시 한번 새롭게 바라보자. 분명, 어제와는 다른 것이 눈에 보일 것이다.

  때로는 영화배우 같아, 때로는 코미디언 같아.

  때로는 탤런트 같아, 때로는 가수 같아.

  너의 기분에 따라 난 난 (난 그대의 연예인!)

힘든 직장생활 중에 누군가를 위한, 또는 나 스스로를 위한 연예인이 되어보는 건 어떨까? 이미 우린 많은 것을 할 줄 아는 종합 예술인이니까!

음식과 요리에 관하여

3장

나를 지키며
일하는
사람들의
관계 내공

"하나의 욕구가 충족되면 위계상 다음 단계에 있는 다른 욕구가 나타나서 그 충족을 요구하는 식으로 체계를 이룬다. 가장 먼저 요구되는 욕구는 다음 단계에서 달성하려는 욕구보다 강하고 그 욕구가 만족되었을 때만 다음 단계의 욕구로 전이된다."

인간의 욕구가 5단계로 이루어진다는 '매슬로의 욕구단계설'은 심리학을 전공하지 않은 사람에게도 상당히 친숙하다. 모든 사람이 가진 기본 욕구를 이론화했기 때문이다. 그 이론을 구조화한 피라미드 형태의 구조도 매우 친숙하다. 재밌는 건 매슬로의 욕구단계에서 '매슬로'를 '직장인'으로 바꿔도 어색하지가 않다는 것이다.

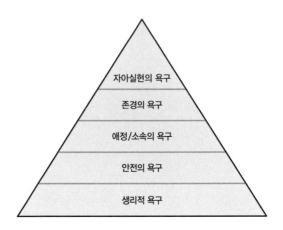

매슬로의 욕구단계 피라미드

- 자아실현의 욕구
- 존경의 욕구
- 애정/소속의 욕구
- 안전의 욕구
- 생리적 욕구

　'직장인의 욕구단계'도 이와 같다. 직장은 피라미드 모양으로 구성되어 있다. 아무리 조직문화가 수평화되고 있는 시대라 해도, 대표가 꼭대기에 있고 그 아래에서 일을 실행하는 사람들로 이뤄진 구조는 변함이 없다. 위로 갈수록 좁아지고 아래에서 위를 바라보는 구조, 직장이 굴러갈 수 있는 원동력이다.

　물론, 단순히 직장 구조가 피라미드라는 것만으로 매슬로의 욕구단계와 직장인의 욕구단계가 유사하다고 보는 것은 아니다. 매슬로의 욕구단계설을 뒷받침하는 두 엔진은 바로 '결핍'과 '성장욕구'다. 모자라서 더 채우고 싶고, 채웠는데도 더 채워 다음 단계로 가고 싶은 마음에서 둘은 동일하다.

직장인도 항상 결핍과 성장욕구로 하루하루를 보낸다. 더 많이 벌고 싶고, 더 높아지고 싶고, 더 강해지고 싶고, 더 편해지고 싶다. 이에 안주하지 않고 존경과 자아실현도 갈망한다. 직장인의 욕구단계를 좀 더 자세히 살펴보면 아래와 같다.

① **생리적 욕구** 자의든 타의든, 우리는 먹고살기 위해 직장인이 된다. 누구도 부정할 수 없다.

② **안전의 욕구** 이왕이면 든든한 회사, 복리후생이 좋은 회사, 고용안정성이 보장되는 안전한 직장을 바란다.

③ **애정/소속의 욕구** 집단에 소속되어야 안심한다. 특히 크고 잘 알려진 회사에 있다면 뭔지 모를 안도감이 든다. 직장을 그만두고 홀로 무엇을 하기에는 막연한 두려움이 있다.

④ **존경의 욕구** 아랫사람으로부터 존경받고 싶다. 사람들과 두루두루 친해지고 인맥을 쌓고 싶다. 일도 잘하고 성격도 좋은 사람으로 남고 싶다.

⑤ **자아실현의 욕구** 직장 안팎에서 자신의 비전을 찾아 만족하고자 한다. 또 다른 성장욕구를 갖고 끊임없이 스스로를 성장시켜 나간다.

욕구단계를 직급과 비교해봐도 흥미롭다. 사회 초년생 또는 대리 직급 정도의 사람들이 1~2단계에 걸쳐 있다면, 과장이나 차장은 3~4단계에 있다고 볼 수 있다. 부장이나 임원은 본인의 의지와 상관없이 이미 5단계에 진입했거나, 준비하고 있을 가능성이 크다.

매슬로의 욕구단계설을 보며 직장인을 떠올린 건, 단순히 직장인을 이 이론에 욱여넣고 싶어서가 아니다. 이 이론을 통해 우리 직장인이 나아가야 할 바를 찾아보고 싶었다. 자신을 성찰할 수 있는 도구로 활용했으면 싶었다. 그래서 한번 생각해봤으면 한다.

첫째, 나는 '결핍'과 '성장'의 엔진을 가지고 있는가?

직장생활은 부족한 것을 알아차리고 채워가는 과정의 연속이다. 대개는 익숙하지 않은 '해야 하는 일'을 마주해서 어떻게든 해결해내야 한다. 그 과정에서 부족한 부분(결핍)을 채워나간다. 물론 그 과정이 순탄하진 않다. 직장인의 애환이 여기서 나온다. 하지만 이를 성장욕구로 승화시키면 분명 나에게 도움이 된다. 그렇지 않으면 직장생활을 버텨내기란 정말 쉽지 않다.

둘째, 나는 직장인의 욕구단계 중 어디에 있는가?

앞서 살펴본 바와 같이, 직급에 따라 나눠볼 수도 있겠고 현재 자신의 마음 상태나 역량을 기준으로 돌아볼 수도 있겠다. 나는 생리적 욕구를 극복했는가? 안전의 욕구를 채웠는가? 소속의 욕구는 어떻게 채워가고 있는가? 존경의 욕구를 채우기 위해 나는 무엇을 하고 있는가? 직장인의 자아실현이란 나에게 있어서 무엇인가?

셋째, 욕구를 채우는 데 방해되는 요소는 무엇인가?

내가 위치한 단계에서 그 욕구를 채우고 다음 단계로 넘어가는 데 걸림돌은 무엇일까? 그것을 알아차려야 한다. 외부적인 요인인지, 내부적인 요인인지, 자신의 의지 문제인지, 혹시라도 결핍과 성장의 엔진이 꺼져버린 건 아닌지, 자신의 욕구를 잘못 알고 있거나 준비가 안 된 상태에서 다음 단계로 무리하게 건너뛰려는 욕심에서 방해물이 생기는 건 아닌지 돌아봐야 한다.

이처럼 매슬로의 욕구단계설은 많은 것을 시사한다. 하루하루를 바쁘고 빠듯하게 보내야 하는 것이 운명이자 팔자인 직장인에겐 더 그렇다. 우리는 어느 순간 욕구단계 각각의 끝자락을 마주할 테고, 미션 클리어를 외치며 더 높은 단계로 올라갈 것이다. 매슬로의 욕구단계설은 직장인인 우리를 '자아실현'의 길로 안내하는 가이드와 같다. 가이드의 설명을 찰떡같이 알아듣고 자신을 돌아보며 일상생활에 적용하는 건 우리 각자의 몫임을 잊지 말아야겠다.

인정하고 싶진 않겠지만, 나는 직장인이라면 누구나 사이코패스 기질을 갖고 있다고 생각한다. 그런 기질 없이는 버텨낼 수 없는 곳이 직장이기 때문이다. 직장생활을 하다 보면 다양한 상황과 별의별 사람을 다 만나게 된다. 이성적이고 정상적으로만 직장생활을 할 수는 없다는 말이다. 정말로 '선하고 정상적인 사람'이라면 이미 직장생활을 접고도 남았을 것이다. 아직 직장을 다니고 있다면 '사이코패스'임을 인정해야 한다. 이 단어가 거북하다면, 일단 '정상적이지 않음'이라도 인정하자.

조금 전 나를 혼낸 상사와 웃으며 점심을 같이 먹어야 하고, 어제 싸운 유관부서 담당자에게 내가 아쉬울 땐 음료수 하나라도 건

네며 부탁해야 할 때도 있다. 가뜩이나 회사 가기 싫은 사람들이 모여 하기 싫은 일을 하는 곳이 직장인데 갈등이 안 생길 수가 없다. 그럼에도 한 공간에서 얼굴을 맞대고 함께 지내야 하니, 반사회적 인격장애가 오지 않는 게 오히려 이상하지 않은가?

그래서 우리는 오히려 더 사이코패스가 되어야 한다. 살아남기 위해서다. 하지만 그렇다고 진짜 사이코패스처럼 주변 사람들에게 피해를 주거나, 자신을 망가뜨리면 안 된다. '긍정적 사이코패스'가 되자는 말이다. 즉, 사이코패스의 특성을 살려, 직장에서 어렵고 슬픈 일을 당하더라도 거기 휘둘리지 말고 쿨하게 이겨내자는 뜻이다. 이미 우리는 어느 정도 그 기질을 갖고 있으니 그 특성을 살려 다음과 같이 실천해보자.

첫째, '일'과 '나'를 분리한다.

좋은 리더는 후배 직원을 이끌 때, 업무와 사람을 분리해서 피드백을 준다. 하지만 불행히도 대부분의 리더나 상사는 "아니, 자네는 대체 왜 그 모양이야?"라며 업무의 미숙함이 아닌 존재 자체를 비난하듯 말한다. 이런 말을 들으면 마치 예리한 비수로 가슴을 찔린 듯 아프다. 이럴 때 우리는 '일'과 '나'를 분리해야 한다. 일어난 '상황'과 '감정'을 분리하는 작업이 필요하다. 일어난 현상보다 더 많은 근심과 걱정을 안고 벙어리 냉가슴을 앓으면 한 방에 훅 간다. 사이코패스의 가장 큰 특징이 '감정을 느끼는 데 미숙함'

이라는 걸 상기하고 활용해야 한다. 마음이 너무 아프면, 차라리 "나는 사이코패스야"를 세 번 정도 읊조려보자. 그래야 다치지 않는다. 그래야 살아남는다.

둘째, 때로는 '공감의 결여' 및 '자기중심적 사고'를 이용한다.

직장은 아생연후살타(我生然後殺他)의 각축장이다. 나 먼저 살고 봐야 한다. 지독하리만큼 냉철한 곳이다. 그러기 위해선 '적'을 만들지 말아야 한다. 누군가 당신에게 와서 다른 사람에 대한 욕을 하며, 자신의 의견에 동참하라는 압력을 가하면 '공감의 결여'를 떠올려야 한다. 말하는 사람의 상황에 대해서는 맞장구를 쳐주되, 그 사람을 같이 욕하면 안 된다. 그 이야기는 돌고 돌아 당사자에게 흘러 들어가게 마련이고, 나는 원하지도 않는 적을 만들게 될 수도 있다. 따라서 적당히 공감을 안 하는 기술이 필요하다. 더불어 '자기중심적 사고'는 항상 마음에 두고 실천해야 하는 덕목이다. 자신은 챙기지 않은 채, 다른 사람들과의 관계를 우선시하는 사람이 있다. 언젠가 어려울 때, 그들이 자신을 도와줄 거라고 생각하는데 그건 착각일 뿐이다. 나 자신 챙기기는 무엇보다 선행되어야 할 과제다.

셋째, 때로는 '충동적'으로 '새로운 자극'을 추구한다.

안정된 것에서 벗어나 창의적이고 새로운 것을 알아가는 순간이 직장인에게는 꼭 필요하다. 이는 주기마다 찾아오는 슬럼프를 이겨내기에 좋은 방법이고, 자신을 성장시키는 데 있어 매우 유용한 마음가짐이다. 슬럼프라는 녀석은 대부분 안정적일 때 슬며시 다가온다. 스스로가 안정적이지 못하고 충동적이라고 느껴질 때 '나는 왜 이 모양이지?'라고 자책하거나 고민할 필요 없다. 그냥 그럴 수 있다고 받아들이면 된다. 그리고 그것을 성장이나, 현재의 안일함을 이겨내는 에너지로 활용해보자. 부서나 업무를 바꿔보는 것, 두려워하기보단 또 다른 세상을 겪어보는 적극적인 자세는 개인의 역량을 확 끌어올릴 수 있는 원동력이다.

3년 전쯤, 나는 어느 한 상사와 마찰을 겪었다. 감정을 조절하지 못하고 결국 서로 언성을 높였다. 그 이후 난 다양한 방식으로 보복을 당했다. 사이코패스와의 만남으로 기억된다. 그러한 상황에서, 나 또한 사이코패스가 되지 않으면 안 되었다. 물론, '긍정적 사이코패스' 말이다. (만약 맞대응 차원으로 부정적 '사이코패스'가 되었다면, 아마 9시 뉴스 사건·사고 코너에서 소개됐을 게 분명하다!) 감정을 배제한 채, 그럴 수도 있다고 받아들였다. 억울하고 분한 마음은 잠시 접기로 했다. 이미 일어난 일에서 감정을 최대한 배제하려 노력했다. 아직까지 서툴긴 하지만 가끔은 대뇌를 비활성화시키려는 노력이 오랜 직장생활을 통해 효과를 나타내기도 한다. 보기 싫어도 볼 수밖에 없는 그 상사와 계속 일을 하고 밥도 같이 먹었다. 마치 우리 사이에 무슨 일이 있었냐는 듯, 천연덕스럽게 어디로 휴가 다녀왔는지 물으며 인사치레를 하기도 했다. 긍정적 사이코패스가 되지 않으면 절대 할 수 없는 일이다. 그렇지 않고선 하루하루를 버텨낼 재간이 없다.

"강한 자가 살아남는 것이 아니라, 살아남는 자가 강한 것이다"라는 말은 직장에서 진리다. 살아남으려면 각자의 방어기제가 있어야 한다. 그리고 긍정적 사이코패스는 우리에게 그 힌트를 준다. 좋은 사람이든 나쁜 사람이든, 배울 것이 있다는 것은 축복이다. 그러기에 우리는 사이코패스에게서도 배울 수 있다. '긍정적'으로 말이다.

직장에서 광을 팔아야 할까?

당신은 직장에서 '광'을 팔아본 적이 있는 가? 장담하건대 그런 적이 거의 없다고 생각할 것이다. 반면, 광을 파는 사람은 자주 봤다고 말하고 싶을 것이다. '광을 판다'의 어원까 지는 모르더라도 직장인이라면 대부분 그 말을 어느 상황에 쓰는지 잘 안다. '자신이 잘한 일을 남에게 알리는 것' 정도로 풀이될 수 있 는 이 말은, 왠지 긍정적인 느낌을 주지 않는다. 그래서 자신은 그 런 적 없지만 다른 누군가가 그러는 건 봤다고 할 가능성이 높다.

'광을 판다'는 말의 이미지가 어떻건 간에 나는 직장인이라면 무조건 광을 팔 줄 알아야 한다고 강조하고 싶다. 왼손이 한 일을 오른손뿐만 아니라 온몸이 알게 하라! 나의 성과를 주위에 알리는 건 생존을 위해 '인정'받아야 하는 직장인의 운명이자 숙명 아닐까? 단, '광만' 파는 행동이 되지 않도록 조심해야 한다.

예로부터 집단주의 문화가 강했던 우리나라에서는 튀는 것을 용인하지 않았다. 그래서인지 자신의 성과를 내세우는 것은 그리 익숙한 모습이 아닐뿐더러 정서상으로도 친근하게 받아들여지지 않는다. 특히나 아래와 같은 모습은 인정은커녕 반감만 살 수 있으니 지양해야 한다.

① **'광'만 파는 유형** 아마 직장 내에서 흔히들 봤을 것이다. 평소 일은 잘하지 않다가 기회가 되면 이때다 싶어 상사에게 자신의 성과를 급조해서 어필하는 사람이다. 하지만 주위에서도 그런 모습을 보는 것은 유쾌해하지 않고, 상사도 속 빈 강정을 알아차리기 마련이다. 무엇보다 이런 유형은 팀워크를 저해한다.

② **남의 '광'을 가로채는 유형** 남에게 피해를 주는 아주 악독한 경우다. 후배 사원의 '공'을 가로채서 자신의 것으로 포장하는 상사는 부지기수다. 잘나가는 동료를 견제하기 위해 방해공작을 펴면서, 자신의 것을 더 돋보이게 하는 경우도 있다. 나부터 살고자하는 마음은 이해가 되지만, 남에게 피해를 주는 것은 정말 최악 중에 최악이다.

③ **남을 깎아내려 자신의 '광'을 돋보이려는 유형** 이런 사람이 있을

까 싶지만, 안타깝게도 어디에나 꼭 있다. 직장이라는 경쟁사회에서 자신을 낮출 필요는 없지만, 그렇다고 남을 깎아내려서라도 자신을 돋보이게 하려는 행태는 정말 하수가 하는 짓이다. 그런데 의외로 많은 사람이 이 방법을 사용한다. 잠시 우쭐할 순 있겠지만, 남을 밟고 위로 가려는 사람은 하루하루가 불안해 보인다.

그렇다면 우리는 자신의 성과를 어떻게 어필해야 할까? 자신에게도 도움이 되고, 남에게 피해를 주지 않으며, 상사에게는 진심으로 받아들여지게 광을 팔기 위해 몇 가지 기억해야 할 것이 있다.

첫째, 실력이 뒷받침될 때 광을 팔아야 한다. 부하직원이 자신을 어필할 때 상사는 그 친구가 실력이 뒷받침되어 있는지 아닌지를 다 알아차린다. 실력은 한순간의 이미지가 아니라, 평소에 하나하나 쌓아올린 행동의 결과물이다. 실력과 줏대가 없는 광은 어설픈 '광기'에 지나지 않을 수 있으니 주의해야 한다.

둘째, 남에게 피해를 줘선 안 된다. 남의 것을 가로채거나, 남의 어려움을 이용해선 안 된다. 도덕적이고 상식적으로 생각하면 된다. 물론, 직장이 늘 상식적으로 돌아가는 곳이 아니라는 게 함정이긴 하지만 최소한의 예의는 지키려 노력해야 한다.

셋째, 다른 사람의 성과를 인정해주는 것도 광이다. 자신의 성과를 내세우는 건 당연하지만 남이 잘한 걸 인정하고 떠받들어주는 것도 나를 알릴 수 있는 좋은 방법이다. 직장에서 사람들은 알게 모르게 서로를 관찰하고 평가한다. 다른 이의 성과에 박수를 쳐주는, 가진 자의 여유는 많은 사람에게 좋은 인상을 준다. 예를 들어, 부하 사원이 이뤄낸 성과를 높이 평가하는 모습은 상사와 팀 전체를 모두 돋보이게 한다.

넷째, 서두르거나 조급해하면 안 된다. 조급함은 언제나 일을 그르친다. 빨리 인정받고자 하는 조급한 마음이 광만 파는 행동을 부를 수 있다.

다섯째, '드러낼 때'와 '드러날 때'를 구분해야 한다. 사람은 스스로 드러낼 때보다 남들에 의해 드러날 때 멋있는 법이다. 이것을 구분하는 것도 실력이다. 실력을 겸비하고 남을 인정하며 묵묵히 '드러날 때'를 기다릴 줄 아는 사람, 하지만 때로는 '드러낼 때'를 알고 유연하게 움직일 수 있는 사람이야말로 진정한 승자이다.

직장 내에서 효율적이고 적극적인 자기 어필은 필수다. 그래야 인정받을 수 있고, 살아남을 수 있다. 인정받기 위해 자신을 어필하는 것을 더 이상 오글거리는 행동이라 생각하지 말자. 또한 남의 성과를 인정하고 보고 배우면서 나의 실력을 갈고닦는다면, 조급해하지 않고 때를 기다릴 줄 안다면, 직장생활에 진짜 빛(光)이 비칠 것이다.

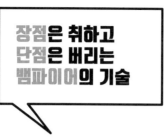

장점은 취하고
단점은 버리는
뱀파이어의 기술

"I want some more!"

영화 〈뱀파이어와의 인터뷰〉에서 어린 뱀파이어 역을 맡은 커스틴 던스트가 했던 명대사다. 뱀파이어에 빠져 들어가는 정체성을 단 한 문장으로 간결하게 표현했다. 〈데드풀 2〉에서도 이 대사는 슈퍼히어로의 일원이 되고 싶은 택시 운전사 도핀더에 의해 패러디되었다. 그런데 뱀파이어와 직장인이 무슨 관계가 있다고 서두부터 이런 운을 띄웠을까?

직장엔 정말 별의별 사람이 다 있다. '사회'라는 말이 가볍지 않은 이유다. 그중에 나에게 잘해주거나 잘 지내는 사람이 많으면 좋겠지만, 현실은 그렇지 않다. 뭐 같은 선배도 있고, 딱 봐도 월급

도둑인 사람, 정치만 하거나 소위 '광'만 파는 사람, 여기에 '팀 킬' 까지 하는 사람을 만나면 정말이지 하루하루가 끔찍하다.

나와 맞지 않거나 이상한 사람은 피하고, 마음 잘 맞는 사람들과만 시간을 보내고 싶은 게 사람의 본능이다. 당연하다. 하지만 불편한 사람은 직장생활을 하는 한 계속해서 나타난다. 피하고 싶다고 피할 수 있는 존재가 아니다. 그리고 싫은 사람에게서도 배울 게 있다. '저 사람처럼 되고 싶다'는 것도 배움이지만, '저 사람처럼 되지 말아야지'도 소중한 배움이다. 그래서 난 '뱀파이어'처럼 지내기로 결심했다.

어느 날, 업무상 매우 어려운 과제를 마주했다. 어디서부터 손을 대야 할지도 모르겠고, '이걸 과연 내가 할 수 있을까' 하는 두려움이 먼저 떠오르던 그때, 생각나는 사람이 하나 있었다. 놀랍게도 그 사람은 내가 그리 좋아하거나 친하게 지내고 싶은 사람이 아니었다. 함께 일했던 시간이 그리 유쾌하지 않았던 사람이다. 뱀파이어와 직장인을 연관 지어 생각한 게 이때부터다.

그 사람은 참으로 독하게 일을 챙기고 밀고 나갔는데 그 독함이 다른 사람에게 독이 되곤 했다. 일은 잘했지만, 자기 혼자 돋보이려는 욕구가 강해 다른 사람을 짓밟고 올라서는 결과를 초래했다. 그 모습에서 내가 빨아들인 것은 '일은 독하게 챙기되, 다른 사람에게 피해는 주지 말자'였다. 무의식중에 뱀파이어가 되어 그 사람의 장점과 단점을 구분하여 빨아들였던 것이다. 맛있고 영양가 있는 피와 그렇지 않은 피를 구분했다고도 할 수 있겠다. 그러고는 마음을 다잡고 그 어려운 문제에 도전할 수 있었다. 물론, 결과는 '성과'가 되어 돌아왔다.

직장인의 살 길은, 결국 자기 성장에 있다. 각자의 생존을 위해 만들어온 자기들만의 방어기제는 오늘도 전투태세다. 그러니 나와 맞지 않는 사람이나 나에게 왜 그러는지 모르겠는 사람들에게 노여워하거나 슬퍼하지 말자. 단지, 똑 부러지는 뱀파이어가 되어 빨아먹을 건 빨아먹고 아닌 것은 무시하자.

정리해보자면 첫째, 누구든 사람에게는 '장점'과 '단점'이 있음을 명심할 것. 둘째, 스마트한 뱀파이어가 되어 그것을 구분하여 빨아들일 것. 셋째, 좋은 사람이든 아니든 여러 사람에게서 많은 것을 빨아들인다면 많이 성장할 수 있다는 것. 넷째, 나의 장점과 단점도 또 다른 스마트한 뱀파이어들에게 빨릴 거라는 사실도 잊지 말 것.

"I want some more!"

하루하루 더 성장하고픈 직장인에게도 어울리는 명대사다.

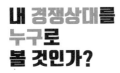

내 경쟁상대를
누구로
볼 것인가?

입사한 지 얼마 안 된 때였다. 야근을 마치고 밤하늘의 별을 보며 퇴근하는 길, 지친 몸을 달래려 택시를 탔다. 내가 나온 회사 건물을 물끄러미 바라본 기사님은 목적지를 물었고, 짧게 대답한 나는 쉬고 싶어 눈을 감았다.

"손님은 일을 시작한 지 얼마 안 돼 보이네요. 회사에서 경쟁상대가 누구라고 생각하세요?"

기사님의 갑작스러운 질문에 어쩔 수 없이 눈을 떴다.

"아……네, 이번에 입사한 동기가 30명이나 되는데요. 당장은 동기들이 제 경쟁상대가 아닐까요? 벌써부터 많이 갈리거든요. 누구는 저보다 더 멋진 부서에 들어갔고, 또 누구는 벌써부터 상사들에게 칭찬을 많이 받고 있어요. 저는 뭐 하고 있나 싶어 왠지 뒤처지는 느낌이 들기도 해요."

마치 그 질문을 기다리기라도 했다는 듯이, 나는 푸념을 늘어놨다. 마음속 저 깊은 곳에 꾹 눌려왔던 고민과 설움을 마주하며 스스로 놀랐던 기억이 난다.

"허허, 손님. 손님의 경쟁상대는 옆에 있는 동기들이 아니에요. 위를 보세요, 위를. 팀장을 보고, 상무를 보고, 사장을 보세요. 그래야 합니다. 그 사람들을 이기려면 어떻게 해야겠어요? 얼마나 많은 노력을 해야겠어요?"

뒤통수를 세게 얻어맞은 듯했다. 그 택시 영수증은 오랜 기간 나의 지갑 속에 있었다. 그날의 가르침을 잊지 않기 위해.

남아프리카 공화국에 사는 스프링복은 무리를 지어 힘차게 높이 뛰며 앞으로 나아가는 것으로 유명하다. 약 35kg의 무게에 키가 1.5m인 이 영양은 놀라거나 흥분하면 다리를 뻣뻣이 세우고 연속하여 수직으로 3.5m까지 튀어 오르는데, 이것을 '프롱킹(Pronking)'이라 한다. 그런데 이 스프링복은 비극적인 최후를 맞곤 한다. 처음엔 발밑에 있는 풀을 뜯어먹으며 서서히 움직이지만, 수가 많아지면 점점 빠른 속도로 무리 지어 달린다. 문제는 이유도 모르고 달리기 시작한다는 것. 주위에 있는 스프링복들이 뛰기 시작하니 서로가 흥분해서 '프롱킹'을 하게 되고 결국 낭떠러지가 나타나도 서지 못하고 그대로 떨어지고 마는 것이다.

지금 생각해보면 입사한 지 얼마 안 된 시절의 난 스프링복과 비슷했다. 몇 발자국 앞서나간 동기를 보고 흥분했다. 질투의 감정이 스멀스멀 올라왔고, 일은 손에 잡히지 않았다. 그저 옆을 바라보며 누군가 나보다 앞서면 불안하고 괴로웠다. 무엇이 중요하고, 왜 그래야 하는지를 잊고는 여기저기 프롱킹을 해대던 어리석고 나약한 동물, 그게 나였다.

눈을 감은 나를 향해 말을 걸어준 그 택시 기사님에게 아직도 감사하다. 그날의 깨우침을 통해 시야가 좀 넓어졌고 생각의 틀도 바뀌었다. 동기들의 고만고만한 모습을 보며 일희일비하던 모습에서 벗어나 경쟁상대를 재설정하니 마음에 여유가 생겼다. 그 후 이길 수 없을 것만 같던 상대에게 작은 도전이라도 해보며 조금씩 성장하는 달콤함도 맛봤다. 지금껏 옆만 보며 감정에 휘둘리는 '나약한 월급쟁이'로 살아오진 않았나? 좀 더 넓은 시야를 갖고 중요한 것이 무엇인지를 가늠할 줄 아는 '나아지는 월급쟁이'로 살아가야 하지 않을까?

후배들에게 경쟁상대가 누구냐고 물어보곤 한다. 많은 후배들이 "제 자신이요!"라고 대답하는 것을 보고 놀란다. 어떤 의미인지 알겠다. 나도 매 순간 내가 원하는 대로 영 움직여주지 않는 나와 씨름하니까. 그럼에도 '나 자신'은 경쟁상대에서 제외했으면 좋겠다. '나 자신'은 다른 경쟁상대를 맞이해 힘을 합쳐야 하는 대상이지 이겨먹어야 하는 대상이 아니기 때문이다. 자신을 사랑하는 것이 무엇보다 중요하다. 남과 경쟁하기 전에, 이미 나와의 경쟁으로 지쳐 있을지도 모르는 자신을.

틀은 깨는 것이 아니라 넓혀가는 것

흔히들 말한다. '틀을 깨야 한다'고. 나는 생각이 좀 다르다. '틀은 깨는 것이 아니라 넓혀가는 것'이라고 말하고 싶다. 사람들은 틀이나 고정관념 같은 것을 소스라치게 싫어한다. 마치 절대악처럼 취급한다. 하지만 틀이나 고정관념을 나쁜 것으로 인식하는 것도 또 하나의 틀이요, 편견이다. 만약 그것이 고착되어 우리 삶의 시야를 좁게 만들고 있다면 깨는 것이 마땅하다. 하지만 그렇지 않은 틀과 고정관념까지 꼭 깰 필요가 있을까?

생각해보면 틀과 고정관념은 우리가 살면서 만들어온 지식과 경험의 영역이자, 삶의 순간순간 우리를 돕는 기제로 작용해왔다. 상황이나 사건을 효율적으로 인지하게 함으로써 뇌에 가해지는 부담을 덜어준다. 사사건건 생각이나 마음이 개입하지 않도록 자동적으로 빠른 결단과 행동을 하게 한다.

여기서 관건은 '예외가 있을 수 있다'는 사실을 받아들이느냐, 그렇지 않느냐이다. 자신이 가진 '틀'을 자각하기만 한다면 우리는 이를 통해 성장의 기회를 얻을 수 있다. 하지만 자기 생각이 무조건 옳다고 여기며 예외를 받아들이지 않는다면 정말로 그 틀에 갇혀버리고 만다. 이런 사람이나 태도 때문에 틀이나 고정관념은 버려 마땅하다는 오명을 갖게 된 것이다.

세상을 바꾼 사람들의 업적을 볼 때 우리는 '틀을 깼다'는 표현을 한다. 애플의 스티브 잡스나 알리바바의 마윈, 그리고 단돈 3센트에 췌장암 진단키트를 발명한 15세의 잭 안드라카를 떠올릴 수 있겠다. 그런데 그들은 정말 '틀'을 깬 것일까? 그들의 말을 들어보면 '틀을 깼다'고 단정 짓기가 영 어색하다.

"창조성이란 단지 점들을 연결하는 능력이다. 창조적인 사람들한테 어떻게 그걸 했냐고 물어보면, 그들은 약간 죄책감을 느낀다. 왜냐하면 그들은 뭔가를 한 게 아니라, 뭔가를 봤기 때문이다. 그들한텐 명명백백한 것이다. 그들은 경험을 연결해서 새로운 걸 합성해낸다." _ 스티브 잡스

"성공은 열심히 하는 것보다는 무엇을 하느냐에 달려 있습니다. 많은 사람이 천재는 99%의 땀과 1%의 영감으로 이루어진다는 말을 믿습니다만 제가 보기에 이 말은 정확하지 않습니다. 부지런하게 일해도 남과 똑같이 해서는 달라지는 것이 없습니다. 성공은 당신이 얼마나 많이 노력하느냐에 달린 것이 아니라 당신이 무엇을 하느냐에 달려 있습니다."_ 마윈

"췌장암 진단키트에 대한 나의 성공 비결은, 인터넷 세상에 모든 것이 있다는 걸 발견한 것이다."_ 잭 안드라카

그들은 세상의 틀을 깼다기보다는 그것을 바라보고 고민하고 연결하여 확장했다. 남들이 틀이나 고정관념을 무조건 배척해야 하는 대상으로 바라볼 때, 그들은 그것을 어떻게 넓혀갈지 고민한 것이다. 틀을 부숴야 한다고 사람들이 골머리를 싸고 있을 때, 그들은 유유히 틀을 넓혀갔다. 달려드는 상대의 힘을 이용해 엎어치는 것처럼, 또는 모두가 물살을 두려워하고 극복 대상이라 한정지을 때 여유롭게 그 물살을 타는 것처럼 말이다.

우리 모두 그들처럼 되자는 계몽주의적 말을 하려는 것은 아니다. 우리가 당장 새로운 아이폰을 개발하거나, 알리바바를 뛰어넘는 온라인 상거래 플랫폼을 만들 필요는 없다. 다만 틀과 고정관

넘에 대한 편견을 바로잡고 싶었을 뿐이다.

직장인은 틀 안에 갇혀 있다. '직장'이라는 틀에 갇혀 있고, 자신의 '직급'이나 '직책' 그리고 '회사의 시스템' 속에 존재한다. 그 안에서 일하거나 사람들을 대하며 우리는 틀이나 고정관념을 마주한다. 주로 내 틀이나 고정관념을 보기보단 다른 사람의 것을 더잘 본다. 상대방이 틀과 고정관념에 갇혀 있다고 쏘아대기 일쑤다.

중요한 것은 내가 나의 틀을 인지하고, 그것을 어떻게 확장해갈지 고민하는 것이다. 자신을 객관화하여 보는 '메타인지'는 그래서 중요하다. 스티브 잡스나 마윈, 잭 안드라카는 메타인지에 능통한 사람들이었다.

직장인으로서 나의 한계나 틀을 마주했을 때 우리는 어떻게 반응해야 할까? 우리에겐 두 가지 옵션이 있다.

첫째, '어차피 내 인생은 이런 식이지'라며 대충 대응하거나 불만 가득한 공격 성향을 보이는 것. '월급쟁이가 다 그렇지, 뭐'라며 자조적으로 생각하는 것.

둘째, 내가 부족한 부분을 개선하고, 남들에게는 없는 나만의 장점을 제대로 어필해보는 것. 직장에서 주는 자극을 나의 발전 기회로 삼아보는 것. 직장만큼 나의 틀이나 한계를 수시로 일깨워주는 곳은 그리 흔치 않으니까 말이다.

군이 설명하지 않아도 내가 어떤 것을 지향하는지 눈치챘을 것이다. 하지만 정답은 없다. 개개인의 선택 문제일 뿐이다.

우리는 틀과 고정관념에서 벗어날 수 없다. 그것을 벗어나면 우리는 이 세상 사람이 아니거나, '신'일지 모른다. 하지만 자신의 틀과 고정관념을 인지하고 넓혀갈 수는 있다. 그것은 우리에게 허락된 축복이자 과제다.

긍정적인 마음과 냉철한 이성으로 자신을 돌아보자. 우리가 마주하는 그 틀에 감사함을 느끼면서.

직장생활은 '사람'으로 시작해서 '사람'으로 끝난다. 힘든 직장생활 중에서도 희망을 찾을 수 있는 이유는 사람이며, 또 직장생활이 죽도록 힘든 이유도 사람이다. 그 '사람'은 상사, 동료, 후배 사원 그리고 직장 내 모르는 임직원으로 구분된다. 우리는 출근하자마자 이 사람들과 마주한다. 아마도 가족보다 더 많은 시간을 보내고 있을 가능성이 크다.

관계와 커뮤니케이션, 그 사람들과 하는 두 가지 일이다. 문제는, 일이란 게 쉽게 해결되지 않으며 직장 내 모든 사람이 내 편이 될 수 없다는 것이다. 인정하기보단 인정받기 위해 발버둥치는 직장에서의 삶은 그리 녹록치 않다. 그래서 사람이 중요하다. 모든 사람을 내 편으로 만들라는 말이 아니다. 인맥 중심의 전략을 짜자는 말도 아니다. 일부러 적을 만들지는 않되, 진심을 다해 상대를 대하자는 것이다.

유럽 주재원으로 있을 때였다. 한국으로 출장을 오면, 으레 나를 지원해주는 담당자들과 식사를 한다. 한 배를 같이 탄 고마운 사람들이니, 전화와 이메일을 주고받으며 쌓인 회포를 직접 만나 푼다. 그런데 나올 줄 몰랐던 후배 하나가 불쑥 나타났다. 예전 미국 지역을 담당할 때 알던 친구였는데, 내가 미처 초대하지 못했지만 나를 보고 싶어 왔다고 했다. 고기 연기가 자욱한 식당에서 잠시 벗어나 그 후배와 바람을 쐬러 식당 앞으로 자리를 옮겼다. 그런데 그 후배가 예상치 못한 말을 해주는 것이었다.

"형(사석에선 편하게 호칭한다), 예전에 미국에서 형이랑 일할 때 정말 재밌었어. 무엇보다 형은 날 무시하지 않았어. 업무가 바뀌어 잘 모르던 때였는데 텃세도 무시도 많이 당했었거든. 근데 형은 그러지 않았어. 그때 무시하지 않아줘서 고마워!"

술에 취했는지, 반가움에 취했는지 그 후배는 그 후로도 내 칭찬을 다른 사람에게까지 계속했다. 사실, 내가 그 친구를 '특별히' 무시하지 않거나 했던 기억은 없다. 누구를 쉬이 함부로 하지 않는 성격이긴 하지만 그 후배의 상황에서는 그게 더 크게 와 닿았던 것 같다.

문득, 내가 해외영업·마케팅으로 부서를 옮겼을 때가 생각났다. 텃세가 상당했다. 오기와 실력으로 버티고 지금은 자리를 잘 잡았지만, 기억 한 켠엔 아직도 서러움이 남아 있다. 일련의 과정을 겪으며 '나는 저러지 말아야지' 하는 생각을 많이 했었다. 직장생활은 변화의 연속이다. 텃세를 부리는 사람은 자신이 언젠가 텃세를 당하는 처지가 될 수 있음을 정말 모르는 걸까? 심한 텃세를 겪고 난 후, 난 오히려 사람을 더 소중히 여기게 되었다. 상대방의 입장을 헤아려 여러 번 반복해서 가르쳐주거나, 내가 한 말이 상대방에게 어떻게 들릴지, 혹시 가시 돋힌 말은 아닐지 고민했다. 혹시라도 실수하면, 바로 알아차려 사과하고 열린 마음으로 대화했다. 같은 월급쟁이로서 굳이 서로를 힘겹게 할 필요는 없으니까. 아니, 좀 더 즐겁게 일할 수 있으니까. 그래서 우리가 조금씩 힘든 직장생활을 바꾸어나갈 수 있으니까.

그래서 나의 업무 철칙은 첫째도 사람이요, 둘째도 사람이다. '인맥'에 국한된 말이 아니다. 인맥관리를 위한 인위적인 MSG는 누구라도 알아챈다. 핵심은 '진심'이다. 텃세를 부린 사람도 있지만 내게 선배로서 멋진 모습을 보여준 사람도 적지 않다. 어쩌면 난 그 '내리사랑'을 실천하고 있는지도 모른다.

내 칭찬을 하던 그 후배는, 내 이름 석자가 나오는 어느 곳에서 아직도 좋은 말을 해주고 있을 것이다. 물론, 나를 욕하거나 음해하는 사람도 분명 있을 것이다. 하지만 내가 대단한 걸 해주지 않았음에도 진심으로 나를 좋아하고 잘 따라주는 사람들을 볼 때, 난 '사람을 우선으로 하는 나의 업무 방식이 맞구나' 확신한다.

"설명하지 마라. 친구라면 설명할 필요가 없고, 적이라면 어차피 믿으려 하지 않을 테니까"라는 엘버트 허버드의 말처럼, 모든 사람이 내 편이 되고, 나를 좋아해주길 바라는 마음은 버렸으면 한다. 그저 진심으로 자신의 업무 철칙을 실천하겠다는 마음만 있으면 충분하지 않을까.

주인의식이란 나를 위해 일하는 것

"머슴살이를 해도 대감 집에서 해라!"

입사 동기를 묻는 대기업 면접 질문에 어느 지원자가 한 말이다. 그가 최종 합격했는지는 알 길이 없으나, 정곡을 찔러도 이렇게 예리하게 찌른 대답은 보지 못했다. 이 말에 고개를 끄덕이게 되는 건 대략 두 가지 이유에서일 것이다. 많은 사람이 이왕이면 크고 번듯한 회사를 가고 싶어 한다는 것과 월급쟁이는 '주인'이 아닌 위치에 있다는 것 때문이다.

머슴이라고 표현했다고 해서 기분 나빠할 건 없다. 머슴의 사전적 의미를 보면 '부농이나 지주에게 고용되어 그 집의 일을 해주고 품삯을 받는 사람'을 이르던 말로, 그야말로 월급쟁이의 조상이라 할 수 있을 테니 말이다.

입사한 지 얼마 안 되었던 시절엔 나를 뽑아준 회사에 마냥 감사하며 평생 뭐든 열심히 하겠노라고 다짐했었다. 시간이 흐르고 직장생활 경험이 많아지면서 처음에 품었던 감사함과 다짐은 점점 사라지기 시작했다. 그러던 어느 날, 높은 위치에 있던 상사가 '주인의식'을 갖고 일하라는 말씀을 하셨고, 이 말에 나는 '아니, 주인의식을 갖고 일하라면서 내 맘대로 되는 건 하나도 없네? 주인이 받는 수준의 월급이라도 주던가……'라고 속으로 투덜댔다. 참으로 아이러니했다. 주인이 아닌 직원에게 왜 주인의식을 강요하는 걸까? 도대체 주인의식이란 무슨 뜻일까? 어떻게 받아들여야 할까?

잠시 입장을 바꿔보자. 당신은 한 회사의 오너다. 말 그대로 주인이다. 출근해서 사무실에서 일하는 직원들을 바라본다. '열심히 전화하는 저 직원은 업무 전화를 하는 거겠지? 설마 애인과 수다를 떠는 건 아니겠지? 그 앞에 직원은 어제 퇴근하면서 모니터 전원을 끄지 않은 것 같은데, 자기 물건이라도 그렇게 할까? 저 친구는 자기 돈이라면 저렇게 펑펑 쓸까? 돈 아낄지를 몰라, 나가는 월급이 얼만데……'

이런 생각이 들기 시작한 당신은 직원들을 불러모아 이렇게 말할 가능성이 높다.

"여러분, 제발 주인의식을 좀 가집시다!"

법인세로 경비를 충당하는 초대형 세단을 이끌고 퇴근하는 당신 뒤에서, 잔소리를 들은 직원들은 한숨을 내쉬며 말할 것이다. "주인의식 같은 소리 하고 있네!"

오너들이 그토록 강조하는 '주인의식'이란 도대체 뭘까? 마당을 쓸어야 하는 자가 주인인 대감의 재산을 그보다 더 소중히 다루고 지킴으로써 보다 큰 안녕을 만들어내는 것이 주인의식일까? 만약, 이렇게 생각한다면 우리는 삐뚤어질 확률이 높다. 만족스럽지 못한 월급과 막대한 업무에 지쳐 있기 때문이다. 설사 주인의식을 발휘한다고 해도 그것은 그저 '주인행세'에 지나지 않을 것이다.

그래서 난 이 '주인의식'을 다르게 생각해봤다. 주인의식이란 '모호한 주인'에게 충성해야 하는 것이 아니라, 내가 '나'의 주인으로서 내가 맡은 일에 자부심을 갖고 스스로 만족할 만큼 최선을 다하는 것 아닐까.

주재원으로 발령받아 얼마 되지 않은 때였다. 본사에서 보내온 스펙시트를 보며 분노했다. 자세히 보니 딱 보이는 오타와 실수. 당장 전화를 걸어 난리를 쳤다. 하지만 전화를 끊고 생각해보니, 불과 몇 달 전까지 본사에 있던 나도 여러 번 같은 실수를 했었다.

본사에서는 부속품처럼 일하다가, 주재원으로 나와서 맡은 사업을 '책임'져야 하다 보니 전에는 안 보이던 게 눈에 띄었던 것이다. 순간 주인의식이라는 단어가 퍼뜩 떠올랐다. 예전에 내가 얼마나 주인의식 없이 일했나 반성한 순간이었다.

주인의식은 주인에게 맹목적으로 충성하고자 하는 다짐이 아니다. 누구를 위해서가 아닌, 바로 '나'를 위해 일하는 것, 내가 나의 주인으로서 맡은 바에 최선을 다하고 끝까지 독하게 챙기는 것이 바로 내가 깨달은 주인의식이다. 내 일이라고 생각했다면 더 열심히 꼼꼼하게 챙겼을 법한 일이 하나둘 떠올랐다. 더불어, 열심히 하는 날 왜 알아주지 않고 인정해주지 않을까 툴툴대던 지난날이 주마등처럼 지나갔다.

주인의식은 결국, '내가 나에게 최선을 다하는 책임감'이라는 것을 깨닫고 그걸 계속해서 상기해야 한다. 누구도 아닌 나 자신을 위해서.

받아들임과
떨쳐버림의
필살기

직장엔 내 뜻대로 안 되는 일이 무궁무진하다. 그래서 힘들다. 감정은 요동치고 존재는 위협받는다. 일어나는 모든 일이 나에게 반(反)하는 것처럼 보인다. 낯설고 싫은 이 느낌은 곧이곧대로 받아들이기가 힘들다. 회피가 최선인 것처럼 생각된다. 우리는 그렇게 '도망자' 신세가 된다. 도망자는 힘겹다. 한시도 마음 편할 리 없기에 몸은 물론 영혼도 힘들다.

직장에서 매일 마주하는 거대한 스트레스와 문제, 걱정거리 등으로부터 완벽하게 도망가거나 저항하는 것은 불가능하다. 받아들이지 않고 저항하면 결국 조직이 나를 버리든 내가 조직을 떠나든, 극단적인 일이 일어난다. 무조건 참을 수만도 없다. 울화병으로 몸도 마음도 망가질 것이다. 따라서 자신이 도망치고자 하는 대상이 무엇인지, 멈춰 서서 직시하고 받아들여야 한다. '받아들임'은 살기 위한 수단이다. 받아들임을 연습하고 습관으로 만들어야 하는 이유다.

받아들임은 두 가지를 전제로 한다. 첫째, 이해가 안 돼도 모든 상황을 일단 받아들일 것. 둘째, '이해가 안 돼도 받아들여야 함'을 받아들일 것. 말장난 같지만, 당최 이해되지도 설명할 수도 없는, 내 뜻대로 안 되는 것에 휘둘리지 않기 위해서다. 일단 받아들임을 해보면, 자신과 그 상황을 '객관화'해서 볼 수 있는 시야가 생긴다.

받아들임의 기술을 잘 습득했다면, 이제 '떨쳐버림'이라는 필살기를 구사할 차례다. 받아들이지 못하면 떨쳐버릴 수 없다. 좋지 않은 상황에 화만 내거나, 나는 모르는 일이라고 현실을 부정하면 안 된다. 떨쳐버림으로써 다시 시작할 수 있는 '용기'와 '동기'를 챙겨야 한다. 사랑에 실패한 사람이 또 다른 사랑을 할 수 있는 건, 실패한 사랑을 인정하고 떨쳐버린 덕분이다.

언젠가, 상사에게 보고하다가 처참하게 깨진 날이 있었다. 거기엔 많은 사람이 있었다. 회의실은 물론, 화상 장비로 연결된 해외법인 사람들까지. "다 때려치워!"라는 상사의 코멘트를 들은 나는 눈앞이 캄캄했다. 보고가 끝나고 많은 사람이 위로의 말을 건넸지만, 그 어떤 위로도 내 마음을 달래진 못했다. 화가 났고, 자존감은 바닥을 쳤다. 그저 운이 없었다고 생각하고 싶었다.

점심도 거르고 온종일 고민을 했다. 뭐가 문제였을까? 받아들이는 과정을 거치고 보니, 역시나 문제는 나에게 있었다. 좀 더 면밀하게 보고서의 내용을 보지 못한 점, 보고를 하며 내가 하는 말에 반응할 이해관계자들 각각의 입장을 고려하지 않고 내 생각만 전하려 했던 점이 문제였음을 깨달았다.

이후엔, 떨쳐버리기 위해 노력했다. 그 사건 이후로 '보고 포비아'가 생길 수도 있었지만, 받아들임을 통해 이미 문제를 인식했으니 개선에 초점을 맞추었다. 재밌는 건, 떨쳐버릴 때 가장 어려웠던 부분이 '다른 사람이 나를 어떻게 생각할까?'였다는 것이다. 하지만 받아들임의 과정을 잘 거치고 나니 그건 문제가 되지 않았다. 다른 사람들을 신경 쓰기보다는 내 손에 쥐어진 감정 쓰레기를 어서 빨리 쓰레기통에 버려야 한다는 생각뿐이었다. 결국, 재보고가 있었던 날 상사는 물론 그 자리에 모인 사람들에게 박수까지 받으며 보고를 잘 마칠 수 있었다.

알게 모르게, 우리는 이미 받아들임과 떨쳐버림의 기술을 자연스럽게 구사해왔을 것이다. 그러지 않고는 살아낼 수가 없으니까. 중요한 것은 이제는 그걸 알아차리고 마음껏 활용해야 한다는 것이다.

옛 티베트 격언 중에 이런 말이 있다.

"해결될 문제라면 걱정할 필요가 없고, 해결 안 될 문제라면 걱정해도 소용없다."

걱정 없이 사는 사람이 어디 있을까. 걱정은 하되 적당히 하라는 게 이 격언의 요지일 것이다. 받아들임과 떨쳐버림의 필살기를 구사하면 여기에 좀 더 가까워질 수 있다.

역꼰대질로 손해 보지 말기

TV에서 한 연예인이 이성을 꾀는 걸 '작업한다'고 표현한 적이 있다. 그 말은 삽시간에 퍼졌다. 광고에도 등장하는 것은 물론, 우리 삶 곳곳에도 스며들어 어느샌가 우리는 '작업'이라는 단어에 또 하나의 의미를 부여하기 시작했다. 하나의 말이나 단어가 급속하게 퍼져 우리 삶에 새로운 의미로 다가올 때, 그건 시대의 조류를 반영한다.

이러한 맥락에서 '꼰대'라는 말도 시대에 따라 그 의미가 조금은 달라진 것 같다. 내 기억에 꼰대는 그저 집안의 어른, 특히 뭘 못하게 하거나 앞뒤가 꽉 막힌 아버지를 상징하는 말이었다. 하지만 요즘은 직장 상사, 나와 뜻이 맞지 않거나 일방적인 지시를 하는 윗사람 전체를 아우른다.

자기 자신을 꼰대라고 생각하는 사람은 매우 드물다. 하지만 분명히 꼰대는 존재한다. 그것도 상당히 많이. 당신 주위에 있는 꼰대는 누구인가? 말 안 통하는 상사, 일방적으로 일을 시키는 선배, 입만 벌리면 과거 잘나가던 시절을 얘기하는 사람을 떠올리고 있지 않은가? 대개 꼰대에 대한 우리 시선은 위를 향해 있다. 어쩌면 이런 식으로 우리는 꼰대를 양산하는지도 모른다.

이번에는 아랫사람의 입장에서 나를 바라보자. 나는 후배에게 또는 부하직원에게 꼰대로 불릴 만한 행동을 하진 않았나? "왕년에 말이지"로 시작하진 않았지만, 조언과 충고라는 이름표를 붙여 나의 경험을 그들에게 강요하진 않았는지, 그들의 이야기를 진실되게 귀담아 들었는지 생각해보자. 우리는 이런 식으로 꼰대를 양산하고, 꼰대로 양산된다.

직장에서 꼰대의 영향력은 실로 막강하다. 물론, 부정적 측면에서 하는 이야기다. 병에 비유하면 동맥경화와 같을지도 모른다. 꼰대는 커뮤니케이션 자체를 막는다. 건전한 소통을 막음으로써 조직을 병들게 한다. 병의 실체가 그렇다. 어디에도 없지만, 어디에나 있고 누구에게나 생길 수 있다.

꼰대는 다양한 모습을 하고 있다. '왕년'이라는 총알을 장전하고 '직위나 위치'라는 무기를 후배들에게 정조준하여 사정없이 쏘아댄다. 자기가 원하는 답을 들을 때까지 그들을 괴롭히는 사람도 있다. 귀는 있지만 듣지 않고, 눈은 있지만 보지 않고, 머리는 있지만 굴리지 않는다. 그들의 말을 딱 잘라 거절할 수도, 듣기 싫다고 회피할 수도 없다. 맞춰주는 것도 답은 아니다. 맞춰줘도 만족을 모르는 사람들이며, 다 맞춰주다가는 내가 먼저 거덜 난다.

영국의 유명 작가인 조지 오웰이 말했다. "모든 세대는 자기 세대가 앞선 세대보다 더 많이 알고, 다음 세대보다 더 현명하다고 믿는다"라고. 그 적정선을 넘으면 꼰대라는 새로운 이름표를 거머쥐게 된다.

그런데 꼰대들의 말이 맞는 경우도 분명 있다. 또한, 우리가 꼰대라고 손사래 치던 그 사람이 사실 꼰대가 아닐지도 모른다. 진심을 담은 충고일 수도 있고, 정말 왕년에 그 사람이 겪은 것이 오늘날의 우리에게 피가 되고 살이 될지도 모른다. 무책임하게 내뱉는 충고도 문제지만, 진심으로 내뱉은 충고를 무책임하게 튕겨내는 것도 문제다. 마음에 그럴 여유가 없거나, 그릇이 안 되는 우리가 어쩌면 상대를 꼰대로 규정하는 '역꼰대질'을 하고 있는 건 아닐까?

이 세상의 모든 꼰대가 내뱉는 무책임한 충고 속에 어쩌면 당신

삶에 필요한 것이 정말로 녹아 있을 수도 있다. 물론, 그 꼰대는 자신이 그런 걸 내뱉고 있다는 걸 모를 수도 있지만. 하지만 어떠랴. 내가 깨달아 알면 그만이다.

'왕년에'라는 말에 무조건 귀와 마음을 닫지 말고, 일단 들어보는 건 어떨까? 좋은 것, 도움되는 것은 받아들이고 아닌 것은 내버리면 된다. 버려야 할 것이 전부라도 괜찮다. '저렇게 하지 말아야지' 하는 것도 배움이다. '역꼰대질'로 그들의 말을 듣지 않고, 무조건 상대를 인정하지 않음으로써 얻을 수 있는 것을 못 얻는다면, 손해 보는 것은 결국 우리니 말이다.

'벙어리 3년, 귀머거리 3년, 장님 3년.'

젊은 세대 중에선 이 말이 무슨 말인가 싶은 사람도 있겠다. 이 말은 어머니 혹은 할머니 세대의 시집살이 애환을 상징하는 말이었다. 보고도 못 본 척, 듣고도 못 들은 척, 말없이 살아야 말도 많고 탈도 많은 시집살이를 견딜 수 있다는 의미를 담은 문구다.

그런데 이 노하우가 어쩐지 직장생활에도 적합하다는 생각이 든다. 갓 입사했던 당시를 돌아보면 할 말을 제대로 하지 못했고, 잘 알아듣지도 못했으며, 시야도 매우 한정적이었다. 일부러 그런 게 아니라 대부분 경험 부족 때문이었지만 여하튼 눈칫밥도 많이 먹었고 억울해도 참아야 하는 순간이 많았다. 요즘 친구들은 내가 신입사원이던 때보다는 억울한 시간이 길진 않을 거 같다. 무조건 참기보다는 할 말은 하고, 비합리적인 것은 바꾸려고 노력하기 때문이다. 그럼에도 직장생활에는 변하지 않는 기본 시집살이가 있다. 어찌 됐건 직장은 일하기 위해 모인 곳이고, 그 안에서 일을 '잘'하고 '인정'받아야 한다. 이런 측면에서 시집살이(?)를 해본 선배로서 후배들에게 들려주고 싶은 이야기가 있다. 바로 귀는 열고, 입은 닫고, 마음은 반만 열라는 것이다.

(1) 귀는 열기

'듣는 것'은 실력이다. '남의 말을 귀 기울여 주의 깊게 듣는 것'을 일컫는 '경청'은 직장생활에 있어 필수요소다. 경청해야 할 것은 다음 세 가지로 구분될 수 있다.

첫째, 누군가 나에게 직접 하는 말이다. 듣는 것만으로도 상대방에게 신뢰를 줄 수 있고, 커뮤니케이션을 잘하는 사람으로 인식될 수 있다. 상대방이 말하는 내용을 잘 숙지하는 것이 중요하다. 즉, 잘 숙지하기 위해 잘 들어야 한다. 잘 듣는 척 해놓고 나중에 그 내용에 대해 잘 이야기하지 못하면 진실성을 의심받는다. 잘 들어주는 태도, 그리고 들은 이야기를 잘 숙지하는 것이 중요하다. 기본 중에 기본이다.

둘째, 상사나 동료 또는 후배가 내뱉는 말이다. 당신에게 하는 말이 아닐지라도 들어야 한다. 상사가 누군가와 전화하고 있다. 당신은 책상에서 일을 보고 있다. 그래도 귀는 열어놓아야 한다. 상사가 누구와 이야기하며 회의 시간을 잡는다. 상사의 전화가 끝난 후, 바로 상사에게 다가가 "오후 3시에 B회의실 잡아놓을까요?"라고 말해보자. 상사는 그 말을 듣는 순간, 당신을 새로운 눈으로 볼 것이다. 자신에게 필요한 것을 먼저 챙겨주는 든든한 팀원으로 말이다. 더불어, 동료나 후배 등이 혼자 내뱉는 말에 귀 기울여보자. 갑자기 옆 동료가 "아이, 씨"라고 읊조리면, "왜 그래? 무슨 일이야?"라고 반응한다. 그러면 그 동료는 "아니, 갑자기 PC가 꺼져서 이메일 써놓은 게 날아갔어"라며 이야기를 하기 시작할 것이다. 대놓고 말은 안 하겠지만 자기 이야기를 들어주는 사람이 있다니, 기분이 나쁘지만은 않을 것이다. 그리고 은연중 자신에게 관심을 보인 당신에게 고마워할 확률도 높다. 혼잣말을 내뱉었는데 아무도 반응해주지 않으면 머쓱해지는 경우가 의외로 많다.

셋째, 정보가 되는 말이다. 정보는 힘이자 권력이다. 누가 어디로 배치받고, 상사가 어디로 이동하며, 이번 회의에서 크게 문제가 된 이슈는 무엇인가 등 그 정보가 뭐든 귀를 쫑긋 세워야 한다. 경험이 쌓이면, 단편적인 정보만 갖고도 시나리오를 만들고, 시뮬레이션할 수 있다. 한 조각 한 조각 정보를 주워듣는 것은 매우 중요하다. 그렇다고 누군가에게 꼬치꼬치 캐물을 필요는 없다. 그랬다

간 호사가로 소문날 수도 있으니, 지금보다 조금만 더 귀를 기울이고 관심을 갖고 주위를 살펴보자는 것이다.

(2) 입은 닫기

입은 하나고 귀가 둘인 것은, 두 번 듣고 한 번 말하라는 뜻으로 해석되기도 한다. 그만큼 말을 줄이라는 뜻이다. 직장엔 호사가가 참 많다. 자신의 존재 가치를 '정보의 출처'로 증명하려는 사람이 있고, 어떤 사람은 일부러 거짓 정보를 흘려 경쟁자를 해하기도 한다. 누군가를 험담하는 사람은 상대방에게 동조를 구하며 자신의 편에 서라는 암묵적 강요를 하곤 한다. 참 애매한 순간이다. 나는 그렇게 생각 안 하는데 맞장구를 안 치자니 분위기가 어색해지거나, 이 사람과의 관계에 금이 갈 것 같다. 그럴 땐, 차라리 웃으며 애매하게 빠져나가는 편이 좋다. 괜히 맞장구를 치거나, 편들겠다고 더 입을 열어서 좋을 게 없다. 호사가는 호사가일 것 같은 사람을 경계한다. '내 앞에서 저렇게 맞장구쳐주는 사람은 어디 가서 내 얘기도 할 거야'라고 생각한다.

입을 열어야 하는 순간은 누군가를 칭찬할 때, 그리고 논리와 근거를 갖고 불합리함에 대해 이야기할 때다. 무조건 벙어리처럼 3년 있으란 말이 아니다.

회사 체질이 아닌 사람들이 모인 곳, 일하기 싫어하는 사람들이 모인 곳이 바로 회사다. 이런 가운데 사람과 사람의 만남은 하나의 즐거움이다. 물론, 원수 같은 사람을 만나서 힘들 때도 있지만 마음 맞는 사람끼리 일하는 건 힘든 직장생활에서의 활력소다.

때론 형, 누나, 동생으로 호칭할 정도로 친해지기도 한다. 그렇게 부르면 왠지 안 풀릴 일도 잘 풀릴 것만 같다. 하지만 회사는 엄연히 프로페셔널의 세계다. 일하기 위해 만난 곳이지, 친목을 도모하기 위한 곳이 아니다. 조직문화를 유연하고 즐겁게 해야 하는 이유도, 결국은 조직의 성과를 높이기 위함이다. 안 돌아가던 일이 개인적인 친분으로 돌아간다면 사실 그게 더 문제다.

직장에서 서로에 대한 마음은 공적인 것과 사적인 것의 딱 중간 정도가 좋다. 그렇게 마음은 반만 열어야 한다. 물론, 퇴근 후에 개인적으로 더 친하게 지내는 건 얼마든지 괜찮다. 반쪽 마음은 회사 내에서, 그리고 업무 중인 경우에 한해서다. 퇴근 후엔 마음을 다 열더라도, 회사 내에선 반만 열어도 된다. 그게 좋다. 서로를 위해.

눈칫밥 먹는다는 점, 억울하고 서러운 순간이 많다는 점에서 직장생활은 시집살이만큼이나 고되다. 하지만 '귀는 열고, 입은 닫고, 마음은 반만 열기'를 실천하다 보면 직장생활이 조금씩 나아질 것이다. 하루하루 경험치가 쌓이다 보면 많은 것을 깨닫게 된다. 더불어, 예전에 미리 그러하지 못했던 나를 보며 빙그레 미소 짓는 순간도 찾아온다. 그 미소는 여유에서 비롯된다. 아마도 그만큼 성장했다는 뜻일 테다. 지금 잠깐, 1년 전 또는 좀 더 이전의 나를 떠올려보는 건 어떨까. 나는 지금 얼마나 자랐나 생각해보자. 귀는 열고 입은 닫고 마음은 반만 열되, 자기반성과 성찰엔 특별한 제한을 두지 않으면서!

싫어하는 사람에게서 배워야 할 것들

한 공간에 같이 있는 것만으로도 불편한 사람이 있다. 우리는 싫어하는 사람을 본능적으로 피하지만, 직장에선 이런 사정을 절대 봐주지 않는다. 싫어하는 사람과도 한 공간에서 일해야만 한다.

싫어하는 사람이 생기면 그의 모든 것이 싫다. 오죽하면 '꼴도 보기 싫다'는 말이 있을까. 그런데 직장생활을 좀 하다 보니, 싫어하는 사람을 만나도 예전처럼 미칠 듯 마음이 요동하지 않는다. 게다가 싫어하는 사람에게서 장점과 단점을 구분해서 끄집어내는 여유도 생겼다. 장점은 배우고 단점은 반면교사로 삼으면 된다. 싫어하는 사람을 무작정 피하기만 하면 이런 배움은 얻을 수 없다.

싫어하는 상대방의 어떤 부분이 나에게 부족한 점일 때도 있다. 놀랍게도 이런 깨달음은 삶에 큰 선물이 되어 돌아온다. 다음은 직장에서 싫었던 사람들을 통해 내가 얻은 교훈이다.

(1) 때론 비판적인 시각으로 세상 바라보기

정말이지, 세상 부정적인 사람을 만났다. 해외 주재원으로 있을 때 모신 상사였는데, 사사건건 색안경을 끼고 바라보는 모습에 본능적으로 피하고만 싶었다. 누군가 어떤 행동을 하면 뭔가 의도가 있을 거라며 의심했다. 정말로 근거가 없는, 비합리적 의심이었다. 누군가 하루 결근하면 "저 사람 다른 회사 알아보고 있군"이라고 결론 내린다. 어떤 성과가 나서 사람들이 다 서로에게 수고했다고 이야기할 때, 한 치의 웃음도 보이지 않으며 잘못된 부분을 들이밀어 분위기를 깨기도 했고, 식당에 가서 맛있는 음식이 있으면 이건 조미료 범벅이라거나 재료가 신선하지 않은 냉동이라고 호도하기도 했다. (하도 확신을 갖고 부정적으로 이야기해서 식당 주인에게 개인적으로 확인해본 결과 조미료를 사용하지 않았고, 재료는 신선한 자연산이었다.)

하지만 놀라운 건, 그 '비합리적인 의심'이 50% 이상의 적중률을 보였다는 것이다. 결근한 사람 중 일부는 정말로 퇴사를 했고, 성과가 난 일을 돌아보니 부족한 부분이 분명 있었다. 하지만 이

건 마치 이런 논리일 수 있다.

'넌, 언젠간 감기에 걸릴 거야. (감기 걸린 것을 보고) 거봐, 감기 걸렸잖아. 그러니까 손 잘 씻고, 관리 잘했어야지, 쯧쯧……'

잘 알다시피 세상엔 '성선설'뿐만 아니라 '성악설'도 있다. 세상은 질서에서 무질서로 변한다는 '엔트로피 법칙'도 있다. 그 상사는 성악설과 엔트로피 법칙으로 무장한 사람처럼 보였다. 나와는 정반대처럼 느껴졌고, 사사건건 불편했다.

어느 날 내가 믿던 현지 동료가 한마디 상의 없이 갑자기 퇴사하는 일이 있었다. 뭔가 잘되어간다고 생각했던 마케팅 프로모션 행사의 현장을 찾아가니, 허점투성이라는 것을 알아차린 적도 있다. 내가 너무 세상을 긍정적으로만 보고 있나 싶어질 때 그 상사의 색안경을 잠시 빌려 세상을 바라보았다. 그러니 보이는 게 있었다. 갑자기 퇴사한 그 동료를 내가 너무 믿었고, 잘되어가는 것처럼 보이는 일에도 분명 문제가 하나 이상은 있었다.

난 그 상사를 좋아하진 않았지만, 때론 세상을 부정적으로도 봐야 한다는 것을 깨달았다. 아마 그 상사도 천성적으로 부정적인 성향을 가진 건 아니었으리라 믿고 싶다. 난, 지금도 가끔 그 상사의 시선으로 색안경을 꺼내어 주위를 둘러보곤 한다. 정말 큰 도움이 되는 걸 느끼면서!

(2) 나를 싫어하는 사람에게 내가 먼저 다가가기

배움은 위에서만 오지 않는다. 후배들에게서도 배울 게 많다. 나를 많이 실망시킨 후배가 있었다. 일을 요청하면 불편한 기색이 역력했고, 내가 한 조언과 충고를 잘못 이해하고 행동하곤 했다. 미국과 한국 두 국적을 가진 친구였는데, 자신이 불리한 상황을 모면하려 그 두 국적을 교활하게 이용했다. 불리하면 한국에 익숙하지 않은 미국인으로 행세하고, 유리하면 한국인임을 강조했다. 빤히 보이는 그 모습이 정말 싫었다. 그러한 태도가 문제가 되었던 어느 날, 난 그 후배를 크게 혼냈다. 얼마만큼 깨달음을 얻었는지 모르겠으나 그 후배도 어느 정도는 수긍하는 모습을 보였다.

그렇다고 내가 그 후배를 덜 싫어하게 된 건 아니다. 하지만 그 이후 후배의 행동은 나를 당황하게 했다. 내가 자신을 좋아하지 않는다는 걸 알 텐데도, 점심이나 회식 자리엔 항상 내 옆에 앉았다. 평소에도 좀 더 잘하려는 모습이 눈에 띄었다. 언제부턴가 난, 그 용기(?)와 붙임성을 높이 사기 시작했다. 자신을 꾸짖은 사람을 피하려 하지 않고, 어떻게든 만회해보려 노력하는 모습이 인상적이었다. 솔직히 나라면 어땠을까? 십중팔구 피하고 봤을 것이다. 나를 싫어한다고 생각하는 상사의 옆자리엔 얼씬도 안 했을 것이고, 그런 사람을 살갑게 대할 자신도 없었을 것이다. 그것은 정말로 큰 배움이었다. 때론 '저분은 나를 좋아하지 않을 거야'라는 자격지심 어린 생각에 윗분들을 피한 적이 많았는데 그 이후로는 가능한 상사와 가까운 자리에 앉으려 노력한다. 상대방이 나를 싫어하든 좋아하든 개의치 않고, 내가 먼저 다가가려 노력하다 보니 풀린 오해도 많고 관계도 더 자연스러워졌다. 난, 아직도 그 후배를 예뻐라 하지 않는다. 하지만 큰 깨달음을 준 것에 대해선 고마움을 느낀다. 개의치 않고 다가오는 용기에 아직도 박수를 보낸다.

(3) 업무를 대하는 집요한 태도

주말에 전화가 오는 건 기본이었다. 올린 보고서는 언제나 지적을 당했다. 그 집요함은 수많은 사람을 불편하게 했다. 빠른 승진으로 승승장구했지만, 그 상사를 좋아하는 사람은 없었다. 무척 외로워 보였다. 후배들은 물론, 그 상사의 선배들도 불편해하긴 매한가지였다. 선배들은 그 상사를 가리켜, 자기만 회사를 위하고 자기만 고민하는 줄 안다고 혀를 찼다. 그건 범상치 않은 재주였다. 보통은 후배들만 괴롭히는데, 선배들의 마음까지 불편하게 만들 정도면 정말 대단한 것이다.

한번은 책상에 전화기를 두고 화장실에 간 적이 있다. 아마도 급하게 뭔가가 필요했는지 잠시 화장실을 다녀온 사이 부재중 전화가 열 통이 와 있었다. 내 자리와 그 상사의 자리는 불과 세 걸음 정도의 거리였다. 내가 전화기를 두고 화장실 간 것을 알아챘을 만도 한데 그 상사는 당장 뭔가를 알아야겠다는 집요함으로 내가 올 때까지 전화를 한 것이다. 영화 〈미저리〉의 여주인공이 생각나는 순간이었다.

그런데 그 집요함 또한 나에게 배움과 선물이 되었다. 해외 주재원으로 발령받아 먼 이국 땅에서 외롭게 고군분투하던 시절, 무엇부터 해야 할지, 수많은 문제를 어떻게 해결해나가야 할지 모를 때 난 놀랍게도 그 상사를 생각했다.

'그분이라면 어떻게 했을까?' 솔직히 이 생각을 하며 스스로 놀랐다. 왜 그분을 생각해냈을까? 소름 돋도록 이해가 안 되고 불편했던 그 상사에게는 내가 어려움을 이겨내는 데 필요한 집요함이 있었던 것이다. 반대로 말하면, 난 그것이 부족했고 그 상사를 통해 내게 부족했던 그 역량을 배웠다. 다른 사람에게 피해를 주지 않는다면, '집요함'은 큰 선물이다. 디테일을 챙기면서 성과 지향적으로 일할 수 있다. 결과적으로 난 그 어려운 시절을 그분에게 배운 그러니까 나에게는 부족했던 그 집요함으로 이겨냈다. 때때로 직장생활에서 어려운 과제를 받거나 도전적인 문제를 마주하면 난 그분을 떠올리며 집요함으로 한번 더 무장한다.

배움을 위해서는 상대를 가릴 필요가 없다. 상대방이 왜 싫은지에 대해 고민하고 피해 다니기보단, 그 사람에게서 뽑아먹을 역량을 알아차리는 편이 훨씬 낫다. 다시 말하지만 배울 것과 배우지 말아야 할 것 둘 다 소중하다. 더불어 싫어하는 사람에게 있는 역량은 대개 내게 부족할 때가 많다. 누군가를 싫어하는 자신을 탓하거나, 나를 싫어하는 누군가를 불편해할 필요 없다. 우리는 그저, 자신을 위한 배움에 집중하면 된다. 그게 남는 거니까.

직장생활을
버티게 해주는
마법의 주문

　　　　　　　　　"어떻게 그렇게 직장생활을 오래 하실 수
가 있어요?"

　이 질문을 받으면 깊은 고민에 빠진다. 그 이유는 두 가지다.

　첫째, '이 질문을 받을 정도로 내가 직장생활을 오래 했나?'라는
자문과 둘째, (어느 정도는 했다고 치고) '도대체 정말 어떻게 버텼을
까?'라는 의문이 들어서다.

　이 질문은 대부분 강연을 통해 만난 취업 준비생이나 경력이 몇
년 안 된 직장인 또는 후배로부터 받는다. 대학 졸업 후 십수 년째
한 회사에서 직장생활을 하고 있는 내가 그들 눈에는 오래 다니는
것으로 보이는 듯하다. 이 질문을 받으면 정말 그동안 겪었던 직

　　　　　　　　　　　　　　　　　　　　　　직장 내공

장생활의 어려움을 어떻게 이겨냈나 싶기도 하다. 지금 생각해도 치가 떨리는 억울함, 분노, 망신, 상처가 아직 남아 있다. 미워하는 사람, 싫어하는 사람, 같은 공간에 있기도 싫은 사람이 지금도 분명 있다. 미래에 대한 불안과 내가 가는 길이 옳은가라는 의구심이 때론 불같이 일어나기도 한다.

물론, 보람과 기쁨, 환희의 순간도 있었다. 그러나 그런 순간은 아주 잠시일 뿐, 그것이 내일을 보장해주진 않는다. 직장생활은 그리 호락호락하지가 않다. '일희일비하지 말라'는 말이 괜히 있는 게 아니다. 곰곰이 생각해봤다. 딱히 떠오르는 비법은 없었다. 애초에 내게 십수 년을 버틸 힘이 있었던 건 아니다. 그저 하루하루를 버티며 직장인으로서의 생명을 연장할 수 있는 깨달음과 기회를 얻은 것 아닐까 싶다.

그래서, 요즘 내가 마음이 요동칠 때면 무의식적으로 되뇌는 말을 정리해봤다. 이 다섯 문장은 긴 시간 동안 하나둘 쌓아온 경험에서 우러나온 것이자 아마도 나에게는 힘든 직장생활을 버티게 해주는 마법의 주문이 아닐까 싶다.

(1) "그럴 수도 있지!"

요즘 들어선 이 말에 크게 의지한다. 억울한 일, 기가 찬 일, 황당한 일이 닥쳐도 이 말 한마디를 떠올리면 심호흡을 할 여유가 생긴다. 참 신기하다. 직장생활을 하다 보면 정말 '그럴 수도 있는 일'이 많이 생긴다. 누군가 말을 삐딱하게 해도, 상사가 갑자기 길길이 날뛰어도, 나는 똑바로 했는데 누군가의 실수로 인해 그 일이 어그러졌을 때도……. 내 입장에선 정말 기분 나쁜 일이지만, 상대방의 입장에서 생각해보거나 그 상황을 객관적으로 조망해보면 이해되기 시작한다. 세상에 '이건 내게 일어날 수 없는 일이야'라는 건 없다. 직장생활을 하다 보면 어떤 일이든 일어날 수 있다. 그걸 받아들이지 않는 게 자기 자신을 더 불행하고 힘들게 한다. "그럴 수도 있지"라는 마법의 주문이 필요한 이유다.

(2) "하면 되지, 뭐!"

'할 수 있다'는 생각과 다짐은 필요하다. 하지만 그보다 좀 더 실용적인 주문이 있다. "하면 되지, 뭐!"다. 어떤 일을 하고 있는데, 갑자기 상사나 다른 부서에서 더 큰 일이 떨어진다. 혼란이 생긴다. 무엇을 먼저 해야 할지도 판단이 안 서고, 주어진 일을 잘해낼 수 있을지 걱정이 앞선다. 결론적으로 그 둘 중 아무것도 하지 못하고 우왕좌왕하고만 있는 자신을 발견한다. 시간은 흐르고 조급한 마음만 앞설 때, 뭐라도 시작할 수 있게 발동을 걸어주는 주문이 바로 "하면 되지, 뭐!"다. '할 수 있다'가 조금은 과장된 거짓 다짐(?)이라면, 이 주문은 결과는 신경 쓰지 않고 일단 시작이라도 할 수 있는 용기를 준다. 어떤 어려운 일이 도사리고 있을 때, 한번 속으로 크게 외쳐보자. "하면 되지, 뭐!" 그러고 시작하면 된다. 그냥.

(3) "안 되면 말고!"

체념은 사람의 마음을 편하게 한다. 하지만 최선을 다하지 못했을 때의 체념은 죄책감이나 자괴감을 동반하기도 한다. 이런 의미에서 "안 되면 말고!"의 마음가짐은 최선을 다한 후에 갖는 또 다른 체념이다. '기다릴 줄 아는, 또는 받아들일 줄 아는 자세'라고 하는 편이 낫겠다. 일단, 최선을 다한다. 후회하지 않을 정도로. 아니, 후회해도 좋다. "하면 되지, 뭐!"라는 주문과 함께 시작한 일의 결과는 내가 어찌할 수 있는 게 아니다. 나는 제대로 했는데, 일이 어그러질 수도 있고, 내가 미처 완벽하게 하지 못한 일이 어찌어찌해서 잘 마무리될 수도 있다. 결과에 대해 반성하고 책임지되, 거기에 미련을 가질 필요는 없다. "안 되면 말고!"의 정신이 필요하다!

(4) "저 사람은 저 사람의 일을 하는 것일 뿐이지"

영화 〈악마는 프라다를 입는다〉를 보면 뒤통수를 후려치는 듯한 대사가 나온다. 난 아직도 이 대사를 마음에 품고, 사람 때문에 힘들 때마다 되새겨본다.

"그녀는 그녀의 일을 하는 것뿐이야!"

주인공 앤디가 상사인 미란다에 대한 푸념을 늘어놓기 위해 직장 선배 나이젤을 찾았을 때 들은 말이다.

당신에게 늘 뭐라고만 하는 상사를 떠올려보자. 저러고 싶을까? 자기는 얼마나 잘났기에? 답답하면 자기가 하던가! 오만 가지 감정과 불만이 치밀어오를 것이다. 하지만 당신이 그 자리에 있으면 어떻게 행동할까? 실제로 그 자리에 올라가면 당신 또한 그 상사처럼 지시와 요청을 하게 될 것이다. 직장에는 '자리가 사람을 만든다!'라는 말이 있다. 맞다. 사실이다. 정말 그렇다.

'저 사람은 저 사람의 일을 하는 것일 뿐'이라는 말을 되뇌면, 상사가 보내는 메시지와 상사의 감정이 구분되기 시작한다. 나를 공격하는 것처럼 느껴지지만 사실 그건 그저 리더로서 해야 하는 말일 때가 많다. 그 자리에 있는 사람이라면 할 수밖에 없는 말인 것이다. 감정이 상하면 남는 건 상처뿐이다. 일일이 상처받을 이유가 없다. 감정적으로 반응하기 전에 저 사람이 어떤 일을 하는 사람인지 다시 가늠해보자. 거기엔 분명 '메시지'가 있다. 그리고 그 메시지에 집중하면 나는 좀 더 성장할 수 있다.

(5) "이 또한 지나가리라!"

힘들고 어려울 때 우리는 이 말을 자주 쓴다. 이 말을 읊조리면 위로가 된다. 하지만 그 일이 지나가기만을 마냥 바라선 안 된다.

직장 내공

힘든 일과 함께 그 일을 겪어내는 나의 감정, 노력, 기억과 시간이 함께 지나가기 때문이다. 그러한 감정과 경험은 모두 소중하다. 좋지 않은 일이나 힘든 일은 미래의 나에게 주는 쓴 약이다. 지나가는 과정을 회피하려 할 게 아니라 조망해야 한다.

우리는 이 말을 안 좋은 일에만 쓰는 경향이 있는데, 좋은 일 또한 마찬가지다. 좋은 일도 지나가기 마련이다. 오늘의 성과가 내일의 나를 보장해주지 않는다. 오늘은 오늘이고, 내일은 내일이다. 오늘의 성과에 취해, 내일을 바라보지 못하면 안 된다. 그러니 좋은 일이 있을 때도, '이 또한 지나가리라'라는 마음가짐이 필요하다. 그 과정을 복기하고, 이 순간을 잘 보내면서 다음을 준비해야 한다. 지나가는 모든 것의 중심에 내가 있다는 걸 잊지 않으려 노력해야 한다.

난 앞으로도 길다면 길고, 짧다면 짧은 시간을 직장인으로서 살아갈 생각이다. 그 과정에서 또 다른 '마법의 주문'을 발견할 것이다. 오늘을 버텨야 내일이 오는 직장인의 삶은 힘들고 고되지만 '깨달음'이라는 깨알 재미가 있다. 우리는 대개 나를 돌아볼 여유가 없고, 남을 탓하며, 직장을 원망하는 데 익숙해져 있다. 이제는 그 관점을 바꿔야 한다. 나를 돌아보고, 남을 이해하고, 직장을 긍정적으로 바라보는 것이다. 그 누구도 아닌 나를 위해서 말이다.

職業就業の世界へ

4장

상사와 동료를
내 편으로
만드는
대화 내공

직장생활이 힘든 건 일 때문만이 아니다. 만약 일이 잘된다고 해보자. 내가 하는 모든 일이 술술 풀리고 진척이 빨라 크게 인정받는 상황이라면 어떨까. 아마 시키지 않아도 일을 마무리하기 위해 주말도 반납한 채 열정을 불태울 것이다. 하지만 직장에서의 '일'이란 결국 사람과의 관계를 통해 완성된다. 나 하나 잘났다고, 나 하나 완벽하게 준비했다고 해서 제대로 굴러갈 수 없다. 결국, 직장생활의 핵심은 관계다. 관계는 직장생활의 시작과 끝이자, 직장생활을 힘들게 하는 원흉이기도 하다.

내 편은커녕 나를 못 잡아먹어서 안달인 사람과 상황에 둘러싸여 있다면 그것처럼 괴로운 게 없다. 따라서 직장생활 하면서는 절대 적을 만들어선 안 된다. 선배들에게서도 많이 들었고, 경험을 통해서도 깨달은 바다. 문제는 내가 적을 만들지 않아도, 이미 사방에 적이 있다는 것이다. 누구에게 화를 낸 적도 없고, 공격적 내용 가득한 메일을 보낸 적도 없는데 말이다. 이 점이 직장생활을 힘들게 한다. 따라서 자신의 의도와 상관없이 사방에 적이 있다는 현실을 그냥 받아들이는 게 정신 건강에 좋다.

갈등과 충돌 없이 직장생활을 할 수는 없다. 모두와 잘 지내려 고민하느니 차라리 적을 만났을 때 어떻게 행동하고 해결해나갈까를 고민하는 편이 더 낫다. 때로는 자기 일에 몰두해서 그저 그 역할을 다하는 사이 누군가 나의 적이 돼버리는 경우도 있다. 그래서 적을 규정하는 것도 중요하다. 악의적인 적과 그렇지 않은 적은 공격 방식이 완전히 다르기 때문이다. 적을 분류하고 그에 맞는 대응방안을 고민해야 한다.

악의적인 사람의 공격은 날카로울 때도 있고 무딜 때도 있다. 나를 타깃으로 삼고 철저하게 준비한 뒤 공격할 때는 날카롭고, 그저 감정에 휩싸여 어설프게 돌격할 때는 무디다. 당연히, 전자의 공격이 후자의 공격보다 고급지다. 하지만 후자의 공격을 만만하게 봐선 안 된다. 감정적으로 맞받아칠 경우 논리와 해결책은 저 멀리 사라지고 결국 이전투구(泥田鬪拘)가 되기 때문이다. 자신은 아니라고 생각하겠지만, 의외로 여기에 말려드는 사람이 많다. 이렇게 말하는 나도 공격을 당하면 바로 맞받아치는 경우가 상당하다. 다만, 그 대응방안을 잘 알기 때문에 잠시 멈춰 심호흡하거나, 일단 맞받아치는 메일을 쓰고 난 뒤 임시보관함에 두었다가 10분 후에 다시 읽어보는 방법을 쓰려고 노력한다. 그러면 보인다. 진흙탕 속에서 최대한 진흙을 묻히지 않고 빠져나올 수 있는 차분함이.

이와는 다르게 나를 타깃으로 삼고 철저하게 준비한 공격을 받았을 경우, 내가 준비되지 않은 상태라면 일단 패배를 인정해야 한다. 준비되지 않은 상태에서 과한 방어를 하면 자칫 나만 바보가 될 수 있다. 어설프게 감정적으로 대응했다가는 논리 없는 사람, 동시에 자기 감정 하나 추스르지 못하는 사람이 된다. 예를 들어, 상대방이 철저하게 숫자를 준비해오거나, 이메일 등의 증빙을 들이밀었을 때 그게 사실이라면 일단 받아들여야 한다. 부정하거나 어설프게 화제를 전환하려는 건 패착이다. 잘못을 인정하고 추스른 후 나의 입장을 설명하는 것이 좋다.

때로는 악의적이지 않은 적도 존재한다. 사실, 그러한 사람을 적이라고 표현하는 것은 적절하지 않지만, 어쨌거나 나를 공격했으니 잠시라도 적인 셈이다. 이럴 때의 대응방법은 간단하다. 개인적인 공격으로 받아들이지 말고, 상대방을 이해해보는 것이다. 물론 쉽진 않다. 하지만 상대방의 배경을 생각해보면 좀 더 이해가 잘

된다. 내게 온 공격은 상대방의 입장에서 보면 정당한 경우가 많기 때문이다.

예를 들어, 누군가 업무 절차에 문제가 있어서 개선이 필요하다고 언급했는데 엉뚱하게도 그 화살이 내게 떨어질 때가 있다. 또는, 순수하게 자신의 KPI(Key Performance Indicator, 핵심성과지표)에 몰입하다가 그 KPI와 상충하는 부서에 영향을 끼칠 때도 있다. 이런 경우는 받은 공격 자체보다는 그 과정을 주의 깊게 봐야 한다. 사실, 악의가 있고 없고는 누구라도 쉽게 구분할 수 있다.

직장생활은 예상치 못한 수많은 적 때문에 참으로 외롭다. 지금은 내 편일지라도 상황에 따라 언제 어떻게 돌변할지 모른다는 것, 그리고 적들을 통해 배우고 성장해나아가야 함을 기억해야 한다. 또한, 나도 누군가의 적이 될 수 있다는 것, 아니 이미 그렇다는 것을 잊지 말아야 한다.

결국에 끝까지 남는 내 편은 자신뿐이다. 끝까지 자기편이 될 자신을 한 번 더 토닥여주었으면 한다. 좀 더 나은 직장생활을 위해. 나의 삶을 위해.

직장 내공

절대 사람을 바꾸려 하지 마

형법 319조에 따르면 주거침입죄는 "3년 이하의 징역 또는 500만 원 이하의 벌금에 처함(미수범도 처벌함)"이라고 되어 있다. 그렇다면 '존재 침입죄'는 어떨까? 다른 사람의 존재를 송두리째 바꿔놓으려 하는 생각 말이다. 그 형벌의 강도는 상상을 초월할지 모른다. 죽음이나 배고픔, 자존심 상하는 것보다 사람을 더 두렵게 만드는 게 바로 '존재'를 부정당하는 일이기 때문이다.

3장에서 언급했던 매슬로의 욕구단계설에서 가장 상위에 존재하는 자아실현의 욕구는 이를 대변한다. 그리고 사람들은 그 가치에 죽음 이상의 의미를 둔다. 테러를 자행하는 집단을 봐도 그렇다. 자신의 존재를 부정하지 말라는, 그리고 잊지 말라는 메시지를 잘못된 방법으로 과격하게 말하고 있지 않은가.

직장생활을 하며 우리는 수없이 많은 커뮤니케이션을 한다. 출근시간부터 퇴근시간까지, 입사부터 퇴사까지……. 커뮤니케이션은 중요하다. 그런데 생각해보면, 직장에선 내 맘대로 되는 커뮤니케이션이 별로 없다. 상대의 생각도 커뮤니케이션 방식도 나와 다르기 때문이다. 갈등의 순간 우리는 상대방을 바꾸고 싶은 충동에 휩싸인다. 존재 침입의 우를 범할 수 있는 마음이다. 그래서 커뮤니케이션을 할 때는 반드시 '사람을 바꾸려 하지 않는 대화'여야 함을 기억해야 한다. 상대방을 바꾸려 하는 조짐이 보이는 순간, 진정한 커뮤니케이션은 절대 시작되지 않는다. 그리고 절대 끝나지도 않는다.

인터넷에는 떠다니는 수많은 정보 중, 커뮤니케이션에 대한 조언이 상당히 많다. 그 조언을 읽을 때는 고개가 끄덕여지지만, 막상 직장에서 써먹으려 하면 잘되지 않을 때가 많다. 그 조언이 '이상'이라면, 우리는 소스라치는 '현실'에 있기 때문이다. 우리가 부딪치는 상황은 매우 다양해서 몇 가지 유형으로 단순화해놓은 조언을 적용하기엔 무리가 있다. 게다가 그런 조언 대부분은 상대방의 '존재'를 인정해야 한다는 핵심은 빼놓은 채, 기술이 중심인 경우가 많다.

우리는 알게 모르게 '사람을 바꾸려는 시도'를 너무나 쉽게 하곤 한다. 내 뜻이 잘 전달되지 않을 때, 조급하게 상대방을 내 의견에 동조시키려 할 때, 논리적으로 설명이 안 될 때, 감정은 격해지고 '네가 틀렸어, 그러니 빨리 생각을 바꿔'라는 식으로 존재를 압박하고 만다. 의견이 대립될 때 '저 사람 왜 저래?', '사람이 왜 이리 꽉 막혔어?', '이상한 사람이야'라고 생각 안 해본 사람이 있을까? 의견의 다름을 존재의 문제로 확대해 생각하는 것이다. 커뮤니케이션의 초점은 '의견'에 맞추어져야 한다. 그리고 '사람'을 바꾸려 하지 말고, '의견'을 바꿔야 한다. 그것도 일방적인 방식이 아니라 상호 합의하에 말이다.

얼굴 붉히고 격하게 이야기하며 상대방을 바꾸려 온갖 대화의 기술을 쏟아부어도 아무 소용 없다는 걸 경험으로 알았다. 오히려 역효과만 났다. 지극히 당연하지만 스스로 깨닫기까지 시간이 한참 걸렸다.

커뮤니케이션 잘하는 방법은 다양하지만, 어떤 방법을 쓰더라도 '사람을 바꾸려 하지 않는 것'을 전제로 해야 한다. 그래야 효과를 볼 수 있다. 자신의 커뮤니케이션 방법을 돌이켜보자. 상대방을 쉽게 바꾸려 하진 않았는지, 그 존재의 영역에 침입하여 이리저리 헤집지는 않았는지, 상대방의 상대방인 나는 그러한 때 무엇을 느끼고 어떻게 반응했는지…….

  공개적인 곳에서의 '존재 침입'은 관계를 돌이킬 수 없게 만드는 지름길이다. 갈등과 대립이 생겼다면, 공개적이지 않은 곳에서 '사람'이 아닌 '의견'을 바꾸려 노력해야 한다. 이때 필요한 것이 정확한 근거와 상대방을 배려하는 기술이다. 나의 의견에 동의한다고 해서 상대방의 존재에 흠집 나는 것이 아님을 전달해야 한다. '내가 맞았고, 너는 틀리다'가 아니라, '우리가 맞다'라고 할 수 있는 청사진을 제시해보자.

아침에 출근해 메일을 보는 순간 저절로 인상이 찌푸려졌다. 기획부서에 올렸던 매출 계획과 손익 예상표가 반려되어 있었다. 한두 번이면 모르겠는데 벌써 네 번째였다. 그저 손익이 자신의 부서에서 관리하고 있는 수치와 다르다는 게 반려 사유였다. '아니, 그러면 차라리 자기들이 관리하는 양식을 나한테 주고 거기에 맞춰서 올리라고 할 것이지. 똥개 훈련 시키는 것도 아니고 대체 뭐야?' 이런 생각이 들었다. 이로써 나는 매출 목표와 손익 그리고 거래처 마진을 넣고 파일을 저장하여 시스템에 올리는 절차를 다섯 번째 해야 하는 상황이었다. 게다가 이마저도 마지막이란 보장은 없었다. 더 이상은 안 되겠다는 생각이 들었다.

"싸우지 않고 이기는 것이 제일이다!" 손자병법에 나오는 유명한 말이지만 직장에서 갈등을 아예 안 만들 수는 없다. 이번엔 전후관계를 따져 이와 같은 프로세스를 개선해야겠다는 생각이 들었다. 싸우지 않는 게 최선이지만, 싸워야 한다면 잘 싸워야 한다.

반려를 반복한 기획부서 부장에게 전화를 걸었다.

나: 안녕하세요. 어디 부서 누구입니다.

부장: 무슨 일이시죠? (반응부터 피곤하다. 상대방의 소개는 아랑곳하지 않고 무슨 일인지부터 따져 묻는 스타일은 대부분 매우 공격적이거나 방어적인 경우가 많다. 자기가 귀찮아지는 일은 절대 협조하려 들지 않는다.)

나: 제가 네 번째 올린 매출 계획과 손익 예상표가 반려됐던데요.

부장: 그걸 왜 나에게 물으시죠? 해당 제품 리더에게 문의하세요.

나: 아니, 반려는 거기서 했는데요? 자꾸 반려만 하지 말고 차라리 기획팀 양식을 주세요.

부장: 그걸 내가 왜 줍니까?

나: 그러면 사전에 수치를 맞추고, 이렇게 다섯 번씩이나 시스템에 올리는 업무를 반복할 일이 없잖아요!

부장: 그럼, 그 제품 론칭하지 마세요!!!

나중에 안 사실이지만, 그 부장은 유명한 사람이었다. 여러 나라를 담당하는 터라 전화를 여기저기서 많이 받는 모양인데, 그러다 보니 전화받는 것 자체를 싫어했다. 일이야 어찌 되든 '그럼 하지 말라'는 엄포를 놓으며 문제해결을 회피하는 사람이었다. 우리 부서에서도 몇몇이 이미 당했다고 한다. 이런 사람을 만났을 때는 '갈등'을 일부러 사용해야 한다. 여기서 그대로 전화를 끊거나 감정적이든 논리적으로든 간에 설득하지 못하면 이 사람과 일하는 내내 마음이 무겁거나, 눈치를 봐야 하기 때문이다. 때로는 갈등을 유발하여 최고조에 이르게 한 뒤 숨을 고르며 협의점을 찾는 것이 좋다. 그러면 한껏 흥분했던 자신의 모습을 멋쩍어하며 다음에 연락할 때 서로 조심하고 존중하게 된다.

나: 아니, 하지 말라뇨? 사업을 이렇게 해도 되는 겁니까? 기획을 그딴 식으로 합니까? (의도적으로 '사업'이라는 대의명분을 내세웠고, 갈등을 고조하기 위해 '그딴 식'이란 표현을 썼다.)

부장: 그딴 식? 이봐, 당신! 너 여기서 더 나가면 내 입에서 욕 나간다! (반말이 나왔다. 당황스럽지만 기분 나쁘다고 똑같이 하면 안 된다. 언성은 높이되 끝까지 존대는 해야 한다. 회사에서는 반말하거나 욕을 한 사람이 문제가 된다. 흥분이 가라앉았을 때 후회하기 일쑤다. 바로 그 마음의 부채감을 노려야 한다.)

나: 다시 말씀드립니다. 반려하셨던 파일을 저에게 주세요.

부장: 못 준다! 왜 아침부터 소리를 지르고 난리야?

나: 언성은 같이 높이셨고요. 론칭을 하지 말라고 한 대목에서 화가 났습니다.

부장: 하여튼 못 줍니다. (그 사람의 반말에도 내가 계속해서 존대하니, 자신도 멋쩍었는지 다시 존대하기 시작한다.)

나: (차분한 목소리로) 부장님, 아침부터 언성을 높여 죄송합니다. 여기저기서 전화를 받다 보니 힘드시죠? 하지만 론칭을 하지 말라고 말하시니, 열심히 사업을 만들어보려는 제 의도를 너무 폄하하신 것 같습니다. 언성을 높인 부분은 다시 한 번 사과드립니다. 하지만 이런 일이 반복되면 안 되겠기에 드리는 말씀입니다.

부장: (잠시 정적) 아, 네. 저도 미안합니다. 갑자기 전화해서 따지듯이 말해서 저도 언성이 높아졌네요. (갑작스러운 사과, 지속적인 존대, 사업이라는 대의명분과 상대방의 어려움을 헤아리는 발언에 태도가 변한다.)

나: 다시 말씀드리지만, 서로 바쁜데 계속해서 이렇게 올리고 반려하는 것보다, 해당 자료를 주시고 제가 그것을 참고하여 원하시는 숫자를 만드는 게 어떨까요? 제 선에서 해결이 안 되면 원가 관리팀으로 연락해 재료비 등의 다른 항목도 살펴봐야 할 것 같습니다. 아무리 어려워도 사업은 되게 해야죠! (서로 뭔가 대의

명분을 위한 개선점을 찾아냈다는 공동체의식을 심어준다. 마주 보며 으르렁대던 시선을 저 멀리 같은 방향으로 모으려는 시도다.)

부장: 아, 네. 알겠습니다. 메일로 드리겠습니다.

나: 네, 감사합니다!

전화는 이렇게 마무리되었다. 그러고 나서 나는 다시 메일을 보냈다. 아침부터 죄송했다는 말과 함께, 하지만 사업은 진행되어야 하니 갖고 계신 검토 파일을 달라는 요청이었다. 그저 보통의 회신이 올 줄만 알았는데, 예상치 못한 답변이 왔다.

"화창한 금요일 아침부터 기분을 언짢게 해드렸다면 죄송합니다. 요청하신 파일입니다."

그 메일에 모든 팀원이 동요했다.

팀원들: 아니, 그 싸이코 아니 이상한 분한테 어떻게 이런 사과를 받아내신 거예요?

나: 어, 내가 먼저 사과했어!!!

다시 말하지만, 갈등이나 싸움은 안 하는 게 상책이다. 하지만 꼭 필요할 때가 있다. 경험해보니 그렇다. 어렸을 땐 그저 감정만 앞세워서 일을 그르치기도 했지만, 앞서처럼 상대방의 어려움을 헤아리고 먼저 사과하면 협의를 이끌어낼 수 있다. 하지만 모든 사람에게 이 방법이 통하진 않는다. 내가 먼저 사과해도, 받아들이지 않거나 우쭐해서 더 막무가내로 나오는 사람도 있다. 그런 사람과는 그냥 계속 불편하게 지내면 된다. 나만 불편한 건 아니기 때문이다. 지금까지의 경험상, 열에 아홉은 내 의도대로 됐고 끝까지 불편하게 지내는 경우는 그중 한 명 정도다.

따라서 가끔은 갈등을 이용할 필요가 있다. 싸우고 난 뒤에 더 친해지기도 한다. 격렬하게 싸운 후 실제로 얼굴을 보고 만나면 십중팔구 웃게 되어 있다. 술자리에서 술 한잔 따라주며 그땐 미안했다고 다가가면 마다할 사람이 없다. 불편한 마음의 부채감을 털면서, 상대방을 더 잘 이해하게 된다. 다음 업무를 진행할 때에는 가능한 좀 더 조심하고 각별하게 신경 쓴다.

상대방으로부터 사과를 받아내는 아주 쉬운 방법이 있다. 바로 내가 먼저 사과하는 것이다. 때론 싸워야 할 때도 있지만, 그 와중에 사과를 먼저 건네며 다가가면 변하지 않을 것 같은 사람도 놀랍도록 변한다. 그러려면 다음 내용을 유념해야 한다.

첫째, 선을 넘으면 안 된다. 앞선 대화에서 보았듯이, 상대방이 반말이나 욕을 한다고 해서 나도 똑같이 하면 안 된다. 선은 넘지 말라고 그어진 것이다. 상대방이 넘었더라도 나는 넘으면 안 된다.

둘 다 선을 넘으면 이전투구가 되어버린다. 그러면 승자는 없고, 문제해결을 위한 대의명분도 사라진다. 결국, 이도 저도 해결 안 되고 서로 마음의 앙금만 지닌 채 회사생활을 해야 한다. 적을 만들어 좋을 건 없다. 회사 내에서 적을 만들지 말라는 '진리'는 확고하다. 오히려 상대방 마음의 부채감을 활용하자. 흥분이 가라앉으면 선을 넘은 것에 대한 자기 후회나 반성이 따라오게 마련이다.

둘째, 대의명분을 제시해야 한다. 서로 흥분한 상태에서, 상대방이 원하는 것이 자존심 보호라고 판단되면 절대 그 싸움에서는 양보해선 안 된다. 저선 안 되는 싸움이다. 내 잘못을 인정해서도 안 된다. 하지만 '대의명분'을 상기시켜 분위기를 환기하면 승산이 높아진다. 즉, 내가 이렇게 화내는 건 내 자존심을 위해서가 아니라 우리 '사업'을 위해서라는 것을 이야기해야 한다. 누가 봐도 맞는 말이라면 동의하지 않는 사람이 이상한 것이다. 대의명분을 내세워 이야기하면 상대방은 뭔가 잘못되어가고 있다는 걸 느끼기 마련이다. 앞 상황에서도 보았듯이, 차분한 말투로 "우리 사업은 되게 해야 하잖아요"라고 말했을 때 상대방은 바로 반응했다.

셋째, 상대방의 입장을 헤아려야 한다. 전화받을 때부터 까칠한 사람들의 공통점은 세상 혼자 힘들다는 것이다. 직장인은 다 고달프고 각자의 애환이 있다. 그런 스트레스를 전화받는 상대방에게 푸는 사람이 있다. 누군가 뭔가 요청하면, 그 요청을 빌미로 까

칠하게 대함으로써 자신의 지위를 높이려 하거나 남을 괴롭힘으로써 위안을 얻는 경우다. 물론, 그 효과는 좋지 않다. 자기 스스로 함정에 빠질 뿐이다.

하지만 이러한 사람은 자신의 어려운 처지를 알아주면 다르게 행동한다. "요즘 많이 힘드시죠?", "여기저기서 전화를 받으니 얼마나 힘드시겠어요"라는 한마디만 해줘도 마음이 어느 정도 열린다. 더더구나 갈등이 고조되어 있을 때 이런 말을 해주면, 그간의 설움을 토로하며 마음의 문을 활짝 여는 경우를 여러 번 봐왔다.

넷째, '먼저' 사과한다. 상대방이 먼저 사과를 했는데, 거기다 대고 계속 화를 내는 사람은 별로 없다. 드물게 그런 사람도 있긴 해서 '별로 없다'고 표현했다. 그런 사람은 상종하지 않으면 된다. 혹은 다음 기회를 노리면 된다. 사과의 힘은 상상 이상이다. 먼저 사과하면 지는 것 같지만, '대의명분'과 상대방에 대한 '배려와 위로'를 앞세우고 난 뒤의 사과는 아주 강력하다. 더불어 내 마음도 편해진다. 여유도 생긴다. 이제 그 사과를 받아들일지 말지 선택의 공은 상대방에게 넘어갔다. 당황한 상대방은 사과를 받아들이고 자신도 자연스레 사과하기 마련이다. 다시 말하지만, 그것을 받아들이지 않은 사람과는 상종하지 않으면 그만이지만 그 사람 마음은 불편함으로 가득 차 있을 게 뻔하다.

먼저 하는 사과의 마법은 비단 직장생활에 국한되지 않는다. 가족이나 연인, 친구 사이에서도 통한다. 말이 쉽지 정말 어려운 일이다. 이성적으로는 이해가 돼도 마음은 그렇지 않을 때가 많다. 직장에서는 이러한 일이 더 자주 일어나니 직장에서 연습한 후에, 다른 곳에 활용해보는 건 어떨까? 아, 물론 싸우지 않고 이기는 게 제일이라는 건 잊지 말아야 한다.

커뮤니케이션. 커뮤니케이션? 커뮤니케
이션!

직장생활은 '커뮤니케이션'의 연속이다. 아마 직장생활의 전부
라고 해도 크게 반대할 사람은 없을 것이다. '아' 하면 '아' 하고,
'어' 하면 '어' 하는, 'A'를 말하면 'A'로 듣고, 'B'를 말하면 'B'로
듣는 것, 지극히 당연한데 커뮤니케이션의 실상은 그렇지가 않다.
바로 거기에 묘미가 있다. 누군가는 그 묘미를 즐기기도 하고, 어
떤 이는 그것 때문에 힘들어하기도 한다. 커뮤니케이션에 '엇박자'
가 나는 순간, 직장생활은 힘들어진다. 다음의 실제 사례를 보자.
내가 대리 시절에 겪었던 서러운 기억이다. 해외 바이어가 도착하

는 날이었고, 공항에는 에이전시가 나가 있는 상황이었다.

> **팀장**: 송대리, 오늘 이후 일정이 뭐지?
>
> **송대리**: 네, 오전 업무 후에 오후에 바이어 마중 및 픽업이 있습니다.
>
> **팀장**: 그걸 왜 자네가 나가지? 에이전시가 있지 않나?
>
> **송대리**: 네, 제가 담당하는 거래처이기도 하고 또 에이전시만 보내는 건 예의가 아닌 것 같아서요.
>
> **팀장**: 그런 단순하고 비효율적인 업무를 자네가 꼭 해야 하나?

좋지 않은 기억이지만, 난 그날 모든 팀원이 있는 앞에서 큰 소리로 팀장에게 대들고 말았다. 너무 억울했다. 특히 '단순하고 비효율적인 업무'라는 말에 감정이 팍 상했다. 거래처와 만나기로 한 그 오후 일정이 순식간에 단순하고 비효율적인 업무로 정의되어 버린 것이다. 기껏 마중을 나가도 보람 따위는 느껴지지 않을 터였다.

엇박자는 이렇게 시작된다. 그리고 그 골은 점점 더 깊어만 간다. 당시 팀장이 표현을 좀 과하게 해서 그렇지, 더 중요한 다른 일을 하는 것이 어떻겠냐는 '의도'가 분명 있었을 것이다. 하지만 그걸 이성적으로 구분해서 받아들일 수 있는 사람이 얼마나 될까?

상처받은 감정은 이성과 합리를 잠식해버린다. '본질'을 볼 객관적인 시야는 이미 사라졌다. 감정의 주머니는 생각보다 작다. 그게 터져버렸고, 팀장과 나는 본질에서 멀어져 각자의 말 때문에 심각한 상황을 맞이하고 말았다.

그렇다면, 이런 엇박자는 왜 생기는 걸까? 팀장은 듣는 사람 입장을 전혀 고려하지 않고 말을 내뱉었다. 정말 더 중요한 일을 시키는 것이 목적이었다면 팀원이 스스로 생각해서 판단하게 했어야 하는데, '단순하고 비효율적인 업무'라는 표현을 쓰면서 누구도 순순히 받아들이기 어려운 상황을 조성했다. 나도 마찬가지였다. 팀장의 말에 담긴 본질은 보지 못하고 '자기방어'와 '감정'에만 충실했다. 팀장의 '말(메시지)'과 '감정'을 분리해서 들었다면 그 자리에서 곧바로 대드는 불상사를 벌이지는 않았을 것이다. 후에 별도로 면담하거나, 티타임을 가지며 이야기하는 게 분명 더 나은 방법이라는 깨달음은 감정이 폭발한 뒤 후회와 함께 밀려왔다.

얼마 전에도 비슷한 일이 있었다. 상사와 동료 간의 엇박자를 목격했다. 우리 법인으로 높은 손님이 방문하시는데, 상사는 과하다 싶어도 극진히 모셔야 한다는 주의였고, 내 동료는 좀 지나친 것 아니냐는 말을 했다. 앞의 사례처럼 감정이 개입되었고, 본질에서 벗어난 대화가 오갔다.

상사: 그렇게 하기 싫으면 집에 가서 편히 쉬라고.

동료: 그런 뜻으로 말씀드린 게 아닌데요.

따라서 우리는 '커뮤니케이션 엇박자'를 줄이는 데 심혈을 기울여야 한다. 직장생활을 통해 내가 깨달은 몇 가지 방법이 있다.

첫째, 받아들이는 상대방 입장을 생각하고 이야기하자.

내가 내뱉은 말을 들었을 때 상대가 어떤 감정을 느낄지를 생각해봐야 한다. 눈치 보며 해야 할 말도 하지 말자는 게 아니다. 중요한 것은 '메시지'다. 그것이 제대로 전달되어 내가 원하는 것을 얻으려면 상대방의 감정을 존중해야 한다. 내 이야기의 내용과 표현을 점검해야 한다. 앞서 예를 들었듯이, '단순하고 비효율적인 업무' 운운하는 식의 표현은 감정을 자극해 본질을 가려버리고 만다.

둘째, 받아들이는 나를, 상황을, 표현을 객관적으로 바라보자.

가장 어렵지만, 가장 중요하기도 하다. 상사가 기분 나쁜 피드백을 했다면 그 '메시지'와 '감정'을 분리하는 연습을 해야 한다. 대부분 감정이 열 발자국 앞서나가기 마련이다. 무조건 참으라는 게 아니다. 모욕적인 피드백은 분명 받아들일 필요가 없지만, 상사도 사람이기에 어느 정도 짜증을 부리거나 감정적인 표현을 할 수 있다는 것을 이해하자.

셋째, 객관적으로 바라보기가 수월해졌다면 이번에는 '본질'을 보는 연습을 하자.

감정을 잠시 떼어냈다면, 이제는 그 안에 있는 본질을 찾아야 한다. 던진 사람은 공격한 게 아닌데, 받아들이는 사람은 피를 흥건하게 흘리는 '커뮤니케이션의 엇박자'는 비일비재하다. 바로 본질을 보지 못하기 때문이다. 앞선 사례에서, '아, 공항을 나가는 게 더 중요할까, 아니면 가지 않고 다른 일을 처리하는 게 더 좋을까?'라는 본질을 고민하고 자신의 의견을 조리 있게 말했다면 좀 더 나은 상황이 벌어졌을 가능성이 높다.

넷째, '중간보고'를 생활화하자.

팀장이 물어보기 전에, 내가 먼저 찾아가 "오늘 거래처가 들어오니, 담당자로서 제가 나가보는 것이 좋겠습니다"라는 말을 미리 했다면 팀원들이 다 모인 공식석상에서 그런 말을 듣는 불상사는 일어나지 않았을 것이다. 이는 사랑하는 사람과의 관계에서도 마찬가지다. '말하지 않아도 내가 사랑하는 거 다 알겠지'라고 생각하고 사랑한다는 표현을 수시로 하지 않다가는 "우리 그만 헤어져!"라는 말을 듣기 십상이다. 수시로 표현할 때 커뮤니케이션 엇박자가 최소화될 수 있음을 명심하자.

어서 와, '상사 관리'는 처음이지?

'상사 관리'라는 말을 들어본 적 있는가? 나는 대리 초반 즈음에 처음 들었다. 당시 함께 일하던 상무님께서 '상사 관리'가 중요하다고 강조를 하시곤 했다. 처음 그 이야기를 들었을 땐 도통 이해가 되지 않았다. 두 단어의 조합이 영 어울리지 않았기 때문이다. 오히려 상충하는 느낌마저 들었다. 관리란 통상적으로 위에서 아래로 향하는데 상사 관리란 개념은 아래에서 위로 향하는 모양새이기 때문이다.

처음 들을 땐 낯설었는데 직장생활을 하다 보니, 상사 관리는 일상이 되었다. 물론, 우리가 머릿속으로 상상하는 개념은 아니다. 맘 같아서야 상사에게 이래라저래라 하며 관리하고 싶겠지만, 현실은 그렇지가 않다. (혹시, 당신이 상사에게 이래라저래라 할 수 있다면 존경을 표한다. 그리고 나에게도 그 방법을 좀 알려주면 좋겠다.)

상사 관리의 개념을 정리해보면 '내가 하고자 하는 말을 윗사람에게 잘 전달하여 상사가 나의 뜻을 이해하고 지원하게 함으로써 직장생활을 보다 능동적으로 할 수 있게 해주는 기술' 정도로 요약할 수 있겠다. 이런 기술을 습득하려면 우선 상사에 대해 재정의할 필요가 있다. 사회 초년생들에게 상사는 반기를 들기 어려운, 복종해야 할 것만 같은 존재다. 그의 말은 곧 '법'이다(악법인 경우가 많다는 게 함정이지만). 반면, 사회생활을 좀 더 한 사람들에게 상사는 말 안 통하고 답답한 존재로 여겨지기 쉽다. 사사건건 내가 하는 일에 반대하거나, 비합리적인 일을 시키는 악마 같은 존재일 수도 있겠다. 그런데 내공이 좀 더 쌓이면 다른 시선으로 상사를 바라보게 된다. 신이나 절대자가 아닌 같은 월급쟁이라는 것, 상사 또한 회사의 시스템이나 제도 안에 있다는 것, 지금의 상사는 나의 가까운 '미래와 비전'이라는 것, 나도 언젠간 상사가 되고, 또 이미 어느새 누군가의 상사라는 것, 상사는 나의 적이 아니며 그는 그저 그의 일을 하고 있을 뿐이라는 것을 깨닫게 된다. 이렇게 상사를 새로운 시각으로 바라볼 때 비로소 상사 관리의 출발점에 서게 된다.

보고할 때마다 족족 깨져본 적 있는가? 이렇게 하라고 해서 했더니 저렇게 하라고 하고, 문장 하나하나 조목조목 따지고 드는 그런 날이 있다. 반대를 위한 반대를 하는 것 같고, 왜 나한테만 짜증을 부리나 싶어 서러움과 분노가 몰려온다. 직장에선 매우 흔한 일상이지만, 이때가 바로 상사 관리가 필요한 순간이다. 상사와 대등한 위치에 서려 하거나 이기려는 모든 시도는 무의미하다. 윗사람을 내 마음대로 좌지우지하며 이길 수는 없겠지만 그래도 효과를 봤던 몇 가지 방법이 있어 공유해보겠다.

(1) 상사의 스타일과 특성 파악하기

보통 상사를 피하고 싶은 존재로 여기기에, 사실 우리는 그들에 대해 잘 모른다. 알고 싶지 않기 때문이다. 하지만 상사를 알아가는 건 나에게 도움이 된다. 그의 개인적 일상을 파악하자는 게 아니다. 바로, 성향이나 업무 스타일을 알아보자는 거다. 예를 들어, 내가 모신 상사 중에는 직접 대면하고 설명하면 이야기를 잘 들어주고 온화한 편인데, 메일로는 항상 어투나 내용을 강하게 쓰시는 분이 있었다. 그래서 그 메일에 회신하거나 반박하면, 일은 해결이 되지 않고 더 센 메일이 오곤 했다. 몇 번의 시행착오를 거치고 난 이후에는, 메일로 온 내용에 가능한 답을 하지 않고 직접 찾아가 설명을 했다. 직접 이야기를 하니 말이 통했다. 메일로만 오갔다면 끝나지 않을 싸움이 벌어졌을 것이다. 그 사람을 '이상하다'고 생각하기보다는, 업무 스타일이 이렇다는 걸 인정하고 그에 맞추어 대응하니 문제가 해결됐다. 지금 당장, 내 상사의 업무 스타일과 개인 성향은 어떤지 깊이 생각해보자.

(2) '중간보고'와 '명확한 답변'으로 커뮤니케이션 질 높이기

상사 입장에서 가장 답답한 건, 내가 지시한 일이 현재 어디까지 진행되고 있는지를 모를 때다. 아무리 '무소식이 희소식'이라지만, 직장인에겐 통하지 않는 속담이다. 당신이 보고서라는 결과물을 갖고 갔을 때 상사가 만족하지 못하고 이런저런 지적을 한 적이 있을 것이다. '그럼 진작 지시를 정확하게 하던가' 하는 마음속 투덜거림이 생기는 이런 경우는 대부분 중간보고를 생략했을 때 발생한다. 중간보고는 그리 어려운 게 아니다. 시간을 많이 들일 필요도 없다. 상사가 지시한 내용의 경과를 수시로 간략하게 인지시키는 정도면 충분하다. 점심 먹으러 가는 엘리베이터에서나, 티타임을 할 때 간단히 일의 경과를 전달하기만 해도 된다. 또는 "지시하신 일을 하고 있는데요, 이 부분이 잘 풀리지 않습니다. 조언을 부탁드립니다"라고 말하면, 상사는 당신의 성실성과 적극성을 다시 볼 수밖에 없다. 특별히 이야기하지 않아도 잘 챙기고 있구나 하는 신뢰를 줄 것이다. 틈날 때 불쑥불쑥 이야기해보자. 작은 '기적'을 경험할 것이다. 더불어, 상사의 물음에 결론부터 말하고 설명은 나중에 조목조목 하기, 수치와 준거를 두고 말하기 등을 유념하여 커뮤니케이션의 질을 높인다면 상사는 당신의 말을 더 경청할 것이다.

(3) 상사의 말에서 '메시지'와 '감정'을 분리해서 받아들이기

상사로부터 일을 책임감 있게 챙기고 있지 않다거나, 역량이 부족하다는 피드백을 받을 때 우리는 기분이 상한다. 무슨 일이든 한 번에 통과되는 일은 정말 드물다. 모든 것이 지적 포인트다. 특히나 "너는 왜 항상 이 모양이냐", "왜 이리 느리냐", "일 좀 제대로 합시다" 등의 말을 면전에서 들으면 동공지진과 함께 마음속에서 불만이 꿈틀댄다. 중요한 건 이런 말에 담긴 메시지를 읽는 것이다. 만약 당신이 실수한 게 있다면 객관적으로 '인정'해야 한다. 감정이 앞서면 메시지는 뒷전이고 불쾌한 기분에만 집중된다. 그러면 자신이 어떤 걸 개선해야 할지 알 수가 없고, 악순환이 계속될 가능성이 높다. 그 순간을 객관화하여 감정은 최대한 배제해보는 것, 쉽지 않지만 우리가 반드시 해야 하는 숙제다.

(4) 상사에게 '칭찬의 말' 건네기

칭찬은 상사도 춤추게 할 수 있다. 그날 입고 온 옷이나 액세서리 하나를 두고 "와, 오늘 스타일 좋으신데요?"라고 하거나, 혹시라도 상사가 멋지게 일을 처리했다면 개인 메일로라도 "오늘 팀장님 정말 멋졌습니다!"라고 해보자. 아부라고 생각하지 말고 한번 해보자. 아부라고 생각하면 오글거리겠지만, '진심'을 겸비하면 전해지기 마련이다. (상사가 잘돼야 나도 잘 된다는 믿음을 갖고 진심으로!)

　잊지 말자. 상사는 나의 가까운 미래이자 비전이다. 상사 관리를 통해 좀 더 높은 위치에서 나의 이야기를 해줄 내 편을 만들어보자. 또 하나, 상사 관리를 잘하는 것도 중요하지만, 상사 관리를 잘 받는 것도 중요하다. 후배들에게도 나를 관리할 기회를 줘야 한다는 것도 명심하자.

상사와의 대화법? 아니, 상사와의 대답법

직장에선 모든 순간이 그 사람의 '이미지'를 결정한다. 더불어, 그것이 쌓여 '실력'이 되기도 한다. 그래서 나는 직장생활은 모든 순간이 생방송이라고 생각한다. 이런 측면에서 '대답'은 아주 중요하다. 상사와 이야기하는 모든 순간을 떠올려보자. 우리는 그분들과 '대화'를 한다기보다는 '대답'을 할 때가 많다. 어찌 보면 순간순간 테스트를 받고 있는 셈이다. 그게 스트레스가 될 수도 있지만, 오히려 기회가 될 수도 있으니 너무 긴장하진 말자. '상사와의 대답법'을 잘 익히면 더 많은 기회를 얻을 수 있다.

상사에게 대답을 잘하기 위한 가장 좋은 방법은 상사의 입장이 되어보는 것이다. 우리가 제대로 대답하지 못하는 이유는 상사와 나의 시야가 달라서 엇박자가 나기 때문이다. 보고서를 쓸 때, 상사가 알고 싶어 할 부분을 생각하며 작성하거나 예상질문을 뽑아보면 이런 엇박자를 줄일 수 있다. 뿐만 아니라 시시때때로 날아오는 질문에 잘 대답하는 것도 중요하다. 상사는 보통 큰 그림은 보지만 세세한 건 잘 모르는 경우가 많다. 그래서 질문이 많다. 지금까지의 직장생활 경험을 종합해보면, 모든 상사는 빠르고 정확한 대답을 원한다. 정확도가 약간 떨어지더라도 신속한 대답을 원할 때도 있다. 상황에 따른 차이니 적절하게 활용하는 것도 좋겠다.

그렇다면 질문받는 매순간 상사에게 좋은 이미지를 주고 인정받을 수 있는 대답법은 무엇일까? 실제 내가 사용하며 도움을 많이 받은 요령을 몇 가지 정리해봤다.

(1) 동문서답은 금물, 묻는 말에 대답하기

상사를 가장 짜증나게 하면서 나의 이미지를 신속하게 깎아내리는 것이 바로 동문서답이다. '에이, 나는 안 그래'라고 생각할지도 모르겠다. 하지만 다음 대화처럼 엉뚱한 대답을 하는 사람이 꽤 많다.

상사: 송대리, 일전에 지시한 A안은 다 마무리했나?

(A안을 다 끝내지 못한 상황이라 질문을 받은 송대리 매우 당황함.)

송대리: 아, 네! B안은 거의 다 되어갑니다!

상사: 뭐? 묻는 말에 대답하라고!!!

사람은 본능적으로 자신이 잘못했다는 생각이 들거나, 그 답을 잘 모를 때 '방어적인 대답'을 한다. 그리고 그것은 동문서답으로 귀결될 때가 많다. B안을 하느라 A안을 못했다는 핑계를 대고 싶을 수도 있다. 하지만 질문을 다시 곱씹고 그에 맞게 대답하는 연습을 해야 한다.

(2) 결론부터 말하기

상사는 바쁘고 정신없다. 결론부터 말해줘야 한다. 설명부터 시작하면 손사래를 치며 "그래서 결론이 뭐냐?"고 다그치기 일쑤다. 보고서도 마찬가지다. 결론이 앞에 나와야 한다. 그래야 설명할 기회가 생긴다. 예를 들어 상사의 질문에 설명부터 시작할 때와 결론부터 말할 때는 아래와 같이 상사의 반응이 달라질 수 있다.

상사: 그래서 지원 요청 사항이 뭔가?

A타입: 예, 지금 판매 활성화를 위해서는 브랜드 인지도 향상이

무엇보다 급하고, 또 브랜드 인지도 향상을 위해서는 인원이 많이 부족하기 때문에……

상사: 아이고……, 그래서 원하는 게 뭐냐고?

A타입: 아, 네, 광고비와 출장 지원입니다.

상사: 그래서 광고비는 얼마, 지원 인원은 몇 명이나 필요하냐고?

A타입: 아, 네. 광고비는 5만 달러입니다. 지원 인원은 다섯 명 정도입니다.

상사: 그래서 지원 요청 사항이 뭔가?

B타입: 예, 광고비 5만 달러와 인원 다섯 명 출장 지원입니다! 브랜드 인지도 향상을 목적으로 업무 지원 다섯 명을 요청합니다!

어떤가? 이 둘의 차이를 군이 설명할 필요는 없다고 생각한다.

(3) 수치와 준거를 들어 설명하기

예를 들어 설명하겠다.

상사: 올해 자사 브랜드 시장점유율 현황은 어떤가?

A타입: 네, 상당히 좋습니다. 작년보다도 올랐습니다.

B타입: 네, 올해 자사 시장점유율은 25%입니다. 전년 대비해서는

3%p가 상승했습니다.

A타입과 B타입의 차이가 확실히 보일 것이다. 또 다른 예를 보자.

> **상사:** 이번 딜러쇼에 손님은 몇 명이나 왔지? 많이 왔나?
> **A타입:** 네, 많이 왔습니다. 100명 정도가 왔습니다.
> **B타입:** 네, 100명 정도 왔습니다. 작년엔 50명이 왔는데, 전년 대비 두 배 증가한 수치입니다.

A타입으로 대답하면 상사는 100명이 얼마나 많이 온 건지 가늠할 수가 없다. B타입처럼 수치를 들어 정확하게 이야기하고, 준거를 들어 상대적인 개념을 전달하는 것이 좋다. 상사가 자꾸 궁금증을 갖게 하는 상황을 지양해야 한다.

(4) 주도적인 이미지 전달하기

> **상사:** 현재 마케팅팀과 협업 중인 시안은 잘 진행되고 있나?
> **A타입:** 네, 어느 정도 진행이 된 것으로 알고 있습니다. 마케팅팀에서 지연되고 있다고 합니다.
> **B타입:** 네, 80% 수준으로 진행됐고, 마케팅팀에 지연 이슈가 있

는데 제가 직접 확인해보고 말씀드리겠습니다.

상사는 실무자가 남의 일 얘기하듯 대답하는 걸 매우 불쾌해한다. 상사가 나에게 질문했다면, 그것이 다른 팀과의 협업 건이라 할지라도 나에게 대답을 기대하고 물었다는 걸 잊지 말아야 한다. 다른 팀에서 지연되고 있다고 해도 내가 그것을 주도적으로 챙기고 있다는 이미지를 줘야 한다. 내 잘못이 아니라는 데 초점을 맞추면 주도적인 이미지는 사라지고 만다.

(5) 모르면 모른다고 솔직하게 말하기

모르는 것을 아는 척하다 보면 많은 것이 꼬인다. 상사가 질문했는데, 모르면서 아는 척 이야기하다 보면, 위에 제시한 모든 대답법이 흔들리고 만다. 어떻게든 이 순간만 모면하고 보자, 하는 마음을 가지면 동문서답에, 결론 없는 중언부언에, 수치나 준거는 실종되고 주도적이지 못한 이미지까지 줄 수 있다. 모르는 사항에 대해서는 "죄송합니다. 그 부분은 파악을 못했습니다! 확인 후 별도 보고 드리겠습니다!"라고 자신 있게 이실직고하는 것이 최선이다. 사람은 완벽할 수 없고, 모든 것을 알 수는 없으니 이렇게 말하는 데 익숙해져야 한다.

직장 내공

나를 성장시키고, 나의 수준을 한 단계 업그레이드할 수 있는 '상사와의 대답법'에 대해 알아봤다. 아는 것에서만 끝나면 안 되고, 꾸준히 연습해야 한다. 안다고 해도 막상 닥치면 제대로 대답하지 못하는 경우가 많다. 나 또한 연습하고 또 연습한다. 이러한 노력은 단지 누구에게 잘 보이기 위한 것이 아니라, 나를 위한 것임을 알기 때문이다.

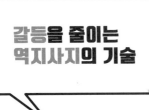

갈등을 줄이는
역지사지의 기술

　　'역지사지(易地思之)'만큼 자주 사용되는
사자성어가 없다. 하지만 그 말의 본질이 제대로 활용되진 않는다.
보통은 남이 내 말을 잘 알아듣지 못하고 내 의도를 이해하지 못
할 때, "입장 바꿔 생각해봐!"란 성토조의 의미로 많이 쓰인다. 그
러면 어김없이, 상대방 쪽에서도 "그쪽이야말로 입장 바꿔 생각해
보시죠!"라는 반박이 날아온다.

　대화가 이렇게 흘러가는 가장 큰 원인은, 역지사지를 '해결책'으
로 바라보기 때문이다. 역지사지는 해결책이 아닌 '대비책'이 되어
야 한다. 즉, 막판에 가서 내 말을 알아들을 의도가 전혀 없는 상대
방에게 역지사지를 들이밀면 안 된다. 평소에 상대방을 헤아려 내

가 필요할 때 나의 의도가 전달될 수 있도록 미리 대비해야 한다.

공식 회의석상에서 다른 팀과 첨예하게 대립했던 적이 있다. 그 날의 아젠다는 KPI(핵심성과지표)가 상충하는 두 팀의 설전으로 번졌다. 급기야 역지사지라는 말이 나오고, 상대방에게 자신의 입장에서 생각해보라고 '강요'한다. 결국, 상처만 남기고 아무런 결론도 나지 않은 채 회의가 끝나버렸다.

내가 모셨던 상사 중 한 분은 이러한 문제를 능수능란하게 해결하곤 했다. '대비책으로서의 역지사지'는 그분에게 배웠다. 그분은 공식 회의 일정이 잡히면, 사전에 우리 방향을 점검하고 유관부서 팀장에게 직접 달려갔다. KPI가 상충된다 해도 서로의 협의점은 분명 있기 마련이다. 양보할 것은 양보하고, 얻을 것은 얻는다. 비공식적인 자리에서는 자신의 사정을 솔직히 끄집어낼 수 있고, 상대방의 처지도 십분 이해하며 허심탄회하게 이야기할 수 있다. 그런데 사전에 협의하지 않고 공식석상에서 바로 부딪치면 그 누구라도 양보할 수 없어진다. 미리 상대방의 입장을 고려하고, 거기에 맞추어 전략을 세우면 우리가 원하는 바를 이룰 가능성이 높다. 상대방의 성향, 목표, 그 팀의 KPI, 우리와 상충되는 부분, 동일하게 추구해야 하는 방향 등에 대해 면밀하게 검토할 필요가 있다.

갈등을 줄이기 위해 반드시 알아야 할 직장 내 역지사지 기술에 대해 요약하면 아래와 같다.

첫째, 역지사지는 해결책이 아닌 대비책이니 미리 챙겨라. 막판에 가서 역지사지해봤자 오히려 갈등만 더 커진다. 역지사지를 대비책으로 활용하면 상대방에 대해 공부하게 되고, 그 과정에서 나의 인사이트가 남들보다 커져 차별화된 자산이 된다.

둘째, 직장 내 역지사지는 단순한 입장 바꾸기를 넘어 그 사람의 직급, 직위, 업무 스타일, 부서 내 역할 등 모든 부분을 고려한다는 의미다. 직장 내 역지사지가 일반적으로 쓰이는 상황과 가장 다른 부분이다. 자리가 사람을 만든다고, 그러지 않을 것 같은 사람도 맡은 자리, 업무, 직책에 따라 기대하지 못한 반응을 보일 때가 많다. 상사는 물론, 동료, 유관부서 사람들의 직급, 직위, 업무 등을 파악하고 그 사람들의 처지를 이해하면, 그들의 반응을 예상할 수 있다.

셋째, 역지사지 기술을 마음껏 발휘하여, 상대방 입장에서의 커뮤니케이션을 실천한다. 이때 고려해야 할 것은 세 가지다. 첫째는 '감성'에 관한 것이다. 아침을 상쾌하게 시작하고 싶은 건 누구나 마찬가지다. 아침에 어떤 이메일이나 전화를 받으면 기분이 좋은가? 입장 바꿔 생각해보고, 상대방에게 실천해보자. 둘째는 '센

스'에 관한 것이다. 받아들이는 사람이 자세하게 풀어서 설명하는 것을 좋아하는지, 표나 그림으로 간단하게 설명하는 것을 선호하는지 등을 미리 알고 전략적으로 접근한다. 상대를 관찰하고 공부하라. 그리고 지나온 커뮤니케이션 경험을 떠올려보자. 잘 모른다면, 상대방과 커뮤니케이션하기 전에 주위 사람을 통해 정보를 얻는 것도 좋은 방법이다. 셋째 '커뮤니케이션'에 관한 것이다. 같은 이메일이라도, 누구에게는 회신하고 싶고 또 누구에게는 그러고 싶지 않다. 그 차이가 무엇일까를 역지사지해보자. 회신하고 싶은 마음이 절로 생기는 이메일을 보면 뭔가 차이점이 있다. 찾아내서 내 것으로 만들자.

**나보다
그릇이 작은
사람과의 만남**

　　"이번엔 제 그릇의 크기만큼 다 쏟아냈다
는 느낌이라 다시 촬영장으로 돌아간다고 해도 그렇게까지는 못
할 것 같다는 생각이 듭니다."

　영화 〈박열〉에서 혼신의 힘을 쏟아낸 배우 이제훈은 그렇게 말
했다. 이처럼 '그릇'은 음식을 담는 도구일 뿐만 아니라, '일을 해
나갈 만한 도량이나 능력'을 뜻하기도 한다. 사람은 저마다의 그릇
을 갖고 있고 그 그릇의 크기는 다 다르다. 지문이 다 다르듯, 그릇
의 크기는 물론 재질과 문양 그리고 용도도 다르다. 한 사람의 그
릇은 그 사람의 성격과 살아가는 방식, 고집 등이 빚어낸 결과일
것이다. 내 그릇의 크기를 절대적으로 도량할 순 없지만 다른 사

람들과 지내다 보면 어느 정도 가늠할 수 있다. 나의, 또는 상대방의 그릇이 작은지 큰지를.

그릇이 큰 사람과의 대화는 즐겁다. 내가 초라해질 수도 있지만, 배우는 것이 많으니 그리 나쁘지만은 않다. 그래도 상대방의 그릇에 포용될 때는 질투가 나기도 한다. 의문의 1패라고나 할까. 같이 먹고 같이 싸고 같은 시대를 살아가는데, 그릇이 큰 사람과 나 사이엔 넘어설 수 없는 벽이 있는 것만 같다. 그래도 좋다. 만난 것 자체가 행운일 수도 있으니.

하지만 인생에서의 배움은 힘겨울 때 더 크게 다가오는 법이다. 직장에는 도통 말이 안 통하는 사람들이 있다. 그 사람의 그릇이 나보다 작으면 큰일이다. 만약 말도 안 통하고 그릇도 작은 사람이 내 상사라면, 이건 정말 위기라고 봐야 한다.

예전에 어느 상사와 업무상 마찰을 빚은 적이 있다. 직장 내 지위를 봤을 때 그 사람은 나보다 그릇이 커야 했다. 항상 윗사람의 그릇이 커야 한다는 법은 없지만, 사업의 방향을 결정하는 매니저 자리에 있는 사람이라면 최소한 공과 사는 구분할 줄 알아야 한다. 사업적인 방향과 개인의 감정을 구분하지 못한다면 그 자리에 있을 자격이 있을까?

마찰이 있은 후, 그 상사가 꺼낸 카드는 바로 '개인적 복수'였다.

자신의 지위를 이용해 나를 괴롭혔다. 전방위적인 감사와 진단이 들어왔다. 말 그대로 정말 영혼이 탈탈 털렸다. 털어서 먼지 안 나는 사람 없기에, 나 또한 감사와 진단을 통해 몇 가지 지적을 받았다. 그럼에도 나는 사업에 대한 소신과 고집은 꺾지 않았다. 털린 먼지에 대해선 소명했지만, 그렇다고 물러서지도 않았다. 처음엔 화가 났다. 하지만 이내 그 사람의 '그릇'을 보았다. 그러고 나니 분노는 안쓰러움으로 변했다. 아랫사람인 나에게 얼마나 분함을 느꼈으면 저럴까? 공통의 목표를 뒤로하고 개인적 분함을 푸는 데 자신의 역량을 다하는 모습이라니. 그냥 이해하기로 했다. 그냥, 내 그릇을 더 키우기로 다짐하고 그 시간을 인내했다.

이건 하나의 예고, 상사는 물론 동료 그리고 후배와의 만남에서도 그릇의 크기는 서로 부딪힌다. 가끔은 나의 그릇과도 갈등을 빚는 웃지 못할 일도 일어난다. 내가 바라는 나의 그릇 크기와 실제 내가 갖고 있는 그것이 불일치한다는 걸 모를 때 그렇다. 입사 5년 차쯤에 나에겐 왜 중요한 일을 맡기지 않을까 투덜대던 때가 있었다. 그때를 돌아보니 나라도 그런 일을 맡기지 않았겠다는 얼굴 화끈한 깨달음이 생긴다. 그때 나의 그릇 크기는 그 정도였던 것이다.

상사와의 충돌에서 노하우를 얻고 적응할 만하면 어느새 후배와의 갈등을 생각해야 할 때가 된다. 후배들은 나의 그릇이 자기

들 것보다는 크기를 바랄 것이다. 내가 나의 상사에게 바랐듯이 말이다. 나는 과연 후배들을 포용할 수 있는 그릇의 크기를 가졌을까? 솔직히 자신이 없다. 그래서 난 후배들의 그릇 크기를 함부로 도량하지 않는다. 그러기보단 믿고 기다리려 노력한다. 자기 스스로 방향을 설정하고 바로잡을 수 있도록.

재미있게도 우리 각자, 저마다의 그릇 크기는 궁지에 몰렸을 때 확실히 드러난다. 본능적인 방어는 속내를 드러내기 마련이다. 남의 그릇 크기를 욕하던 우리도 궁지에 몰리면 욕하던 그 사람과 다름없이 행동하거나 반응한다. 자신이 미워지는 순간이다. 그래서 우린 자신의 그릇을 키우는 데 힘써야 한다. 모양새를 점검하고, 문양은 어떤지 그리고 어떤 재질로 만들어나가고 있는지를 스스로 살펴야 한다.

그리고 가장 중요한 것 하나, 그 그릇에 무엇을 담을지 고민해야 한다. 크기가 커지면 담을 것이 많다. 이상한 것으로 가득 채운다면 그 크기는 아무런 의미가 없다. 너무 서두르진 말자. 하루하루 인생을 살아가고, 직장생활을 하다 보면 알게 될 것이다. 도예가가 이건 아니라며 자신의 작품을 수없이 깨뜨리는 그 과정을 우리도 겪어야 한다.

아직 그릇 모양 자체가 어중간할 수 있고, 누군가와 부딪쳐 모가 나가거나 깨졌을 수도 있다. 그럴 때는 다시 빚어내며 내용물을 담으면 된다. 내용물이 넘쳐흐르거나 모자랄 때, 다른 사람의 그릇에 연연하지 말고 내 것을 먼저 바라보자. 내용물이 무엇인지, 그것을 담을 크기의 그릇을 준비하고 있는지. 나보다 그릇이 작은 사람마저도 포용할 수 있는 크기의 멋진 그릇이라면, 더할 나위 없이 좋겠다.

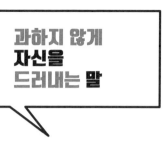

과하지 않게
자신을
드러내는 말

　　'어남류', 드라마 〈응답하라 1998〉이 방영될 때 유행한 단어로 '어차피 남편은 류준열'이라는 시청자들의 바람이 반영된 말이다. 극이 전개되며 드러난 남녀 주인공 서로의 호감이 그것을 확신하게 했다. 정환(류준열)의 절친이자 경쟁자(?)인 택(박보검) 캐릭터는 바둑밖에 모르는 어수룩한 인물이었다. '어남류'를 외치던 시청자에겐 크게 신경 쓰이지 않는 인물이었다. 하지만 놀랍게도 덕선(혜리)이 선택한 남자는 택이었다. '어남류'가 아닌 '어남택'으로 드라마는 막을 내렸다.

　　드라마의 묘미는 반전이라지만, 사람들의 충격은 적지 않았던 것으로 기억한다. 분명 정환에게 호감을 더 많이 표시했고 그도 그것이 싫지 않은 듯 보였다. 하지만 문제는 역시나 '표현'이었다. 정환이 사랑과 우정 사이에서 주춤하는 사이, 자기 신발 끈 하나 제대로 묶지 못하는 택은 덕선의 머리를 쓰다듬는다. 어리숙한 택이는 결정적인 순간에 주저하지 않고 덕선에게 키스를 하며 자신의 마음을 고백함으로써 덕선의 마음을 얻었다.

이 장면을 보며 난 우리네 직장생활을 떠올렸다. '말하지 않고 묵묵히 일하다 보면 누군가 나를 알아주겠지' 하던 예전의 내 모습도 떠올렸다. 자신이 한 일, 또는 자신의 존재를 '표현'하는 일은 한국 사람에겐 그리 익숙하지 않다. 왠지 나서는 것 같고, 아부하는 것 같고, 잘난 척하는 것처럼 보일지 모른다는 두려움에 주저하게 된다. 실제로 누군가 상사나 회사에 자신을 드러내 보이는 행동이나 말을 하면 뒤에서 수군거린다. 그런데 그건 대개 그럴 자신이 없는 사람들의 푸념일 때가 많다.

주재원 후보 교육을 받는 선배에게 '선발해달라고 누군가에게 부탁했는지, 아니면 어쩌다 기회가 온 것인지' 질문한 적이 있다. 선배는 말했다. "이 기회가 자연스럽게 오겠냐? 사전에 작업을 좀 했지. 꼭 당장 보내달라는 말은 하지 않아도, 자신의 비전이나 생각을 상사에게 기회 있을 때마다 표현하는 게 좋아. 안 그럼 아무도 몰라!"

직장 내공

이 말을 듣고 나는 직속 임원분에게 면담 신청을 했다. 면담은 바로 이루어졌지만 주재원으로 선발해달라는 말을 직접 하기가 쉽지는 않았다. 에둘러 표현한 어리숙한 면담 시간은 내가 원하는 것을 단도직입적으로 표현하지 못했다는 후회를 남겼다. 그런데 정확히 2주 뒤에 인사팀에서 메일을 받았다.

"해외 주재원 후보로 선정되었습니다. 교육 참가 안내 내용을 참조하시기 바랍니다!"

에둘러 표현했지만, 그 안에 담긴 나의 바람을 그 임원분은 충분히 알아채신 것이다.

이미 주재원 생활을 마치고 돌아온 지금 그때를 돌아보면, 나 자신에게 잘했다고 하고 싶다. 어눌했더라도 어찌 됐건 내가 바라는 걸 '표현'하고자 시도해서 기회를 잡았기 때문이다.

'드러내는 것'과 '드러나는 것'에는 차이가 있다. 전자는 자신이 목소리를 내야 하는 반면 후자는 그러지 않아도 스스로 빛나서 주위에서 알아주는 것이다. '드러나는 것'이 좋아 보일지 모르지만, 직장인은 '드러내는 것'에도 익숙해야 한다. 물론, 지나치면 안 된다. 실력을 갖추지도 못한 상태에서 지나치게 드러내면 오히려 정치적인 사람이나 기회주의자라는 낙인만 찍힐 수 있다. 드러날 수 있게 최선을 다하되, 자신을 드러내고자 한다면 실력을 반드시 동반해야 한다.

　누군가에게 어설프게라도 자기 생각과 바람을 표현해야 하고, 눈치 보지 않고 어리숙하게라도 택이처럼 자기 마음을 표현해야 한다. 무엇을 어떻게 말하고 보여줄지, 직장인이라면 고민 또 고민해야 한다. 이는 직장생활에서뿐만 아니라 사랑하는 사람에게도 마찬가지다. 최소한 우리는 자신의 신발 끈 정도는 잘 묶을 수 있지 않은가.

　'어당잘', 어차피 당신은 잘될 것이다! 나를 포함한 모든 직장인들이 항상 잘 표현하고, 그래서 원하는 것을 이루어냈으면 하는 바람이다.

　　　　　　　　　　　　　　　　　　　　　　직장 내공

직장은 사람이 모인 곳이다. 모였으니 소통을 해야 한다. 그래서 커뮤니케이션은 더없이 중요하다. 직장생활의 9할이 커뮤니케이션이라 해도 과언이 아니다. 이메일은 그 중에서도 단연 중요한 커뮤니케이션 수단이다. 전화나 대화, 회의, 보고 등 각종 커뮤니케이션 수단이 있지만 이메일은 이 모든 것을 관장하고 관통한다.

전화로 이야기하거나 회의하고 난 뒤, 또는 보고 전후에 우리는 "이야기한 내용을 이메일로 보내주세요!"라고 한다. 다른 커뮤니케이션은 모두 휘발되지만 이메일은 '증거'로 남기 때문이다. 혹시라도 감정이 격해져 상대방과 싸우더라도 말로 해야지, 이메일로 감정이나 잘못된 언행을 남겨선 안 된다.

내가 혼자서 해결해야 하는 일(업무)도 있지만, 다른 사람과 협업해서 진행해야 하는 일도 많다. 그 사람이 팀 내 누군가가 될 수도 있고 상사나 유관부서 혹은 거래처일 수도 있다. 직장에서의 업무는 '공 던지기'와 같다. 즉 누군가에게 업무상 이메일을 보낸다는 것은 공을 상대방에게 던진다는 뜻이다. 반대로 이메일을 받았다면 공을 받은 것과 다름없다. 공을 던졌다면 그 공이 다시 오길 기다려야 한다. 공을 받았다면 그 공을 어떻게든 처리해야 한다. 공을 받아놓고 아무것도 하지 않는다면, 즉 받은 이메일에 담긴 업무를 해결하지 않거나 아무 회신도 하지 않으면 어떤 일이 벌어질까? 일이 진행되지 않아서 업무에 큰 차질이 발생한다. 일을 제대로 하지 못한다는 소리를 듣는 것은 덤이자 필연이다. 나에게 온 이메일은 나와 연관이 있을 것이고 내가 (일정 부분 또는 전체를) 해야 하는 일이 포함되어 있기 때문이다.

공을 던질 때도 잘 던져야 한다. 받는 사람을 고려하지 않은 패스는 최악이다. 그래서 이메일을 보낼 땐 보내는 목적을 분명히 하고 받는 사람이 그것을 잘 이해할 수 있도록 써야 한다. 메일을 보내고 답이 없을 땐 상대방이 문제인 경우도 있지만 메일을 애매모호하게 보내서 그럴 때도 있다. 가끔 메일을 받아보고 '그래서 뭐 어쩌라는 거지? 회신을 해야 해, 말아야 해?'라는 생각을 한 적 있지 않은가?

이메일은 이처럼 모든 커뮤니케이션의 근간이고 다른 것을 아우른다. 아주 기본적이면서도 필수적이다. 주고받는 기술도 잘 익혀야 한다. 잘 던져서 상대방이 잘 받게 그래서 나에게 다시 잘 오게 하거나 골로 연결해야 한다. 받은 공은 내가 알아서 '골'로 연결하거나 상대방이 '해결'할 수 있게 잘 전달해야 한다.

그래서 이번엔 이메일 회신 유형을 살펴보려 한다. 물론 이는 내가 제대로 된 이메일을 보냈을 경우다. 상대방이 잘 받도록 논리적이고 합리적인 이메일을 보냈다고 가정해보자. 이해를 돕기 위해 간결한 문장에, 도표 그리고 아주 친절하게 자료까지 첨부해서 말이다. 재밌는 것은 회신하는 유형을 보면 그 사람의 업무 역량을 가늠할 수 있다는 것이다.

(1) 블랙홀형

이름이 모든 것을 말해준다. 공을 던졌는데 공이 온데간데없다. 선수도 어디 있는지 모르겠다. 이 사람에게 빨려 들어간 이메일은 다시 돌아오지 않는다. 이메일 관리를 어떻게 하는지 모르겠다. 역시나 업무도 잘하지 못한다. 평판이 좋지 않고, 악명 높을 가능성이 크다. 대체로 개념이 없거나 회사에 미련이 없거나 둘 중 하나다. 가끔 분위기 파악을 못 하는 신입사원도 이에 해당하는데 그

나마 그건 이해할 만하다.

(2) 미확인 삭제형

블랙홀형과 궤를 같이한다. 메일의 앞만 읽어보고 그냥 삭제해 버린다. 골치 아픈 일에 발을 담그고 싶지 않다는 강렬한 욕망에 '이 이메일은 나와 상관없을 거야'라고 주문을 외우며 다 읽지도 않고 삭제한다. 심한 경우는 제목만 보고도 삭제한다. 수신자에 있는 많은 사람이 그 사람에게 회신이 없어 동요하면 그제야 메일을 복원해서 보거나 다른 사람에게 전달받아 마지못해 회신한다. 그나마 회신을 보낸다는 게 블랙홀형과 큰 차이라면 차이다. 하지만 업무의 중요한 시점을 놓친 후일 때가 많다.

(3) 뒷북형

수많은 수신자가 얽혀 이메일 릴레이가 될 때, 꼭 뒷북을 치는 사람이 있다. A에서 시작된 어젠다가 이메일이 오가며 S까지 와 있는데 갑자기 전체 회신으로 C를 이야기하는 경우다. 이런 경우 큰 혼란이 가중된다. 만일 C를 이야기하는 메일에 다른 뒷북자가 C나 D를 이야기하면 더욱더 가관이다. 점입가경의 끝이다.

릴레이가 되는 이메일이 있다면 위(최근 순)에서 아래로 내려 읽는 것이 좋다. 가끔 밀려 있는 이메일을 아래에서 위로 읽는 사람들이 이러한 실수를 많이 하는데 각자의 스타일이니 뭐라고 할 순 없지만 그래도 최근 이메일은 확인하고 회신하는 것이 좋다.

(4) 전달형 & 스루패스형

마치 자신과는 상관없다는 듯 다른 곳으로 무조건 전달하고 보는 경우다. 물론 자신과 연관이 적거나 다른 적합한 담당자나 부서가 있다면 그리해야 한다. 하지만 보지도 않고 전달하는 경우가 꼭 있다. 손에 코 안 묻히고 코를 푼 경험을 한 사람들이 가진 좋지 않은 습관이다. 이런 경우 보는 사람도 받는 사람도 기분이 썩 좋지 않다. 이런 유형은 전달한 뒤 상대방으로부터 받은 강한 클레임과 수신인들의 야유 속에서 어쩔 수 없이 회신하곤 한다. 진작에 자신이 알아서 했으면 얼마나 좋았을까.

(5) 고자질형

자신이 불리한 상황에 놓였거나 문제를 쉽게 해결해보려고, 회신할 때 높은 사람을 수신자에 추가하는 경우다. 물론 필요하다면 문제를 알려야 하고 공식화해야 하는 부분도 있다. 실제로 문제 해결을 위해 나 또한 이런 방법을 택한 적이 있다. 하지만 이런 방법을 너무 남발하면 문제다.

높은 사람을 수신자에 넣었다면 그에 맞는 커뮤니케이션을 해야 하는데 자칫하면 실무자들의 이전투구에 끌어들이는 것에 지나지 않을 수 있다. 가끔 나 또한 갑자기 다른 실무급의 이메일에 끌려 들어가곤 하는데 그게 생산적인 문제해결을 위한 것인지 아닌지는 바로 구분된다. 이전투구일 경우는 아예 관여하지 않거나 대책 없이 나를 끌어들인 사람을 불러 조언을 한다. 자칫 일이 크게 번지는 수가 있다.

(6) 시간벌기형 & 조건형

바로 회신을 해야 함에도 납기를 늦추는 유형이다. 납기를 늦추기 위해 다른 담당자나 유관부서를 끌어들인다. 예를 들어 회신을 하려면 어느 담당자와 이야기를 해야 하는데 그 사람이 연락이 안 된다거나 어느 부서에서 먼저 끝내주면 회신을 하겠다는 식이다.

물론 일에는 절차가 있고 담당자가 있기에 순차적 진행이 필요하다. 하지만 이런 유형은 자신이 끝내야 하는 일을 다른 사람을 끌어들임으로써 미룬다. 시간이 정말 부족하거나 아니면 '혼자 책임을 뒤집어쓰면 어떡하지……'라는 걱정에 이러는 경우가 있다.

(7) 뻥 지르기 형

뭔가 회신이 오긴 오는데 누구에게 다시 보낸 것인지 어떤 목적으로 쓴 메일인지 모르는 경우다. 수신인을 지정하지 않거나 해결해야 하는 일에 대해 동문서답을 하기 때문에 '뺑 지르기 형'으로부터 온 메일은 회신한 것인지 전달한 것인지 누구에게 보낸 것인지 진행 중인지 종결한 것인지 잘 파악이 안 된다. 이런 이메일에는 '누구라도 걸려라' 하는 마음이 깔려 있다. 혹은 메일의 본질을 꿰뚫지 못해서 이러기도 하는데, 후자 쪽인 경우가 더 많다.

(8) 끝까지 읽지 않는 형

자고로 사람 말은 끝까지 들어야 한다. 우리네 말은 더 그렇다. 이메일은 더더욱. 분명 필요한 자료와 표가 이메일에 다 포함되어 있는데도 "첨부파일은 안 보내주시나요?", "이해하기 쉽도록 표를 그려주세요" 등의 회신을 보낸다. 다른 사람은 이미 다 알고 있는데 유독 혼자 못 보고 회신을 하는 경우다. 다른 수신인들도 안타까워할 정도다.

(9) 실수형 & 메시지형

회신 내용을 다 쓰지도 않았는데 빨리 회신해야 한다는 마음으로 보내기 버튼을 누른다. 꼭 첨부파일을 누락하고 동일한 제목의 메일을 다시 보낸다. 한 번에 정리해서 보내지 않고 생각날 때마다 보내서 마치 이메일을 카톡처럼 보내는 경우도 있다. 보는 사람은 상당히 피로하다. 그, 그만……이라고 말하고 싶어진다.

(10) 모범답안형

물론 모범답안형도 있다. 위에 열거한 것들을 종합해서 반대로 하는 경우다.

- 받은 메일은 신속하게 회신한다.
- 문제가 해결되지 않았더라도 최소한 언제까지 해결하겠다고 답한다.
- 최근 진행된 내용을 확인하여 뒷북치지 않는다.
- 내가 해야 하는 일인지 다른 곳으로 넘겨야 하는 일인지 신중하게 체크하고 적정한 수신자를 엄선한다.
- 누가 응답해야 하는지 구체적인 수신자와 내용을 명기한다.
- 상대방이 보낸 이메일은 끝까지 읽고 첨부파일의 내용까지 확인한다.
- 오타는 없는지, 파일은 제대로 첨부되었는지 확인한 후 보내기 버튼을 누른다.

고백하건대, 사실 위에 열거한 유형에 나는 모두 해당된다. 상황에 따라 나도 끝까지 읽지 못한 채 회신할 때도 있고, 파일을 첨부하지 않고 보낼 때도 있다. 사람은 누구나 실수하고 상황에 따라 입장이 변한다. 하지만 지켜야 할 것은 지켜야 하고 개선할 것은 빨리 깨달아야 한다.

이러한 유형을 미리 살피고 나는 어떤 유형인지, 어떤 실수를 했는지 복기하며 '저러지는 말아야지' 하고 다짐해보자. 우리는 분명 이전보다 나은 커뮤니케이션을 할 수 있다. 완벽하지는 않더라도 말이다.

내게 상처를 주지 않기

5장

일로
인정받는
사람들의
업무 내공

직장인에게 일이란 의무이자 고민의 원천이다. 어떤 이는 일이 많아 불만이고, 어떤 이는 일이 적어 고민한다. 내가 일인지 일이 나인지 모를 정도로 일이 많은 사람에겐 어쩌면 고민할 시간조차 사치일지 모른다. 일이 없는 사람은 이게 뭐 하는 건가 싶고, 새로운 도전을 해야 하는 건 아닌지 마음이 조급해진다.

고민의 종류는 각자가 처한 상황에 따라 다르지만, 직장인이라면 누구나 한 번쯤 하는 숙명과도 같은 고민이 있다. 바로 '일을 좀 더 잘하고 싶다'는 고민이다. 이는 '인정 욕구'에서 비롯된다.

과연 일을 잘한다는 건 뭘까? 그리고 일을 잘한다고 인정받는 사람은 어떻게 일을 할까? 이런 궁금증을 가진 사람들을 위해 일 잘하는 사람의 유형을 몇 가지로 정리해봤다. 때론 내가 닮기 위해 따라 해본 유형도 있고, 따라 하지 않으려 한 유형도 있다. 내가 이미 가지고 있는 부분도 있고, 가지기 위해 열심히 노력 중인 부분도 있다. '일 잘하는 법'을 기대한 사람들에겐 미안하다. 모든 직장인에게 통용되는 방법을 알려주고 싶지만, 난 세상에 그런 건 없다고 본다. 각자가 처한 처지와 환경, 그리고 업무 방식 및 분야가 다르기 때문이다. 하지만 아래 유형을 자신이 처한 상황에 대입해보고 자신에게 적용해나가다 보면 각자에게 맞는 답이 보일 것이다.

(1) 협상왕

이들은 인생을 아는 사람들이다. 그리고 상대방을 아는 사람들이다. 역지사지를 상투적인 사자성어로 알고 있는 게 아니라, 가슴으로 느끼고 실천하는 사람들이다. 더불어 그들은 역지사지가 '해결책'이 아닌 '대비책'임을 안다. 일을 추진하는 과정이나 마지막 단계가 아니라 일의 시작 단계에서 업무 관계자들의 직위, 담당업무, 성향 등을 역지사지함으로써 '대비책'으로 활용한다. 문제가 생겼거나 말문이 막혔을 때 자신을 방어하기 위한 수단으로 쓰는 것이 역지사지가 아니란 말이다.

실제 현장에서 일어나는 사례를 보자. 우리는 중요한 프로젝트를 수행 중이고, 공식 회의석상에 높은 분을 앉혀놓고 다른 팀으로부터 협조를 받아야 하는 상황이다. 내가 왜 그 협조를 받아야 하는지, 그리고 상대방은 왜 지원을 해야 하는지에 대해 각자의 입장만 주장하며 옥신각신하다 보면 어느새 목소리가 커진다. 마치 선생님 앞에서 "얘가 나 안 도와줘요"라고 징징대는 초등학생처럼 두 팀 모두 상대를 비난하며 높은 분에게 어서 빨리 의사결정을 해달라고 졸라대는 모양새를 보이고 만다. 높은 분이 어떠한 결정을 해도 상처는 남게 마련이다. 도와주라고 지시를 해도 그렇고, 아니라고 해도 그렇고, 양쪽 모두를 질책하며 나가버려도 그렇다. 일방적인 지시를 '당했다'고 느낀 팀장은 다음번 회의에서 복수할 날을 기다리며 칼을 갈게 될 것이다. 나름 논리적 근거를 제시하고 당위성을 많이 준비한 상황인데도 결론은 이렇게 나버린다.

이럴 때 협상왕은 어떻게 행동할까? 앞서 언급한 대로 대비책을 강구한다. 즉, 공식석상에서 문제가 논의되기 전에 비공식적으로 상대 팀장과 협의를 한다. 물론, 역지사지 전략을 사용한다. 우리를 지원해줘야 하는 이유를 설명하기 전에, 상대방의 사정을 충분히 공감함으로써 공식석상에서 발생될 서로를 향한 비방과 손가락질을 사전에 방지한다. 비공식석상에선 속 깊은 이야기를 할 수 있다. 공식석상에서는 말할 수 없는 상대방의 사정에 대해 듣고 이해하고, 양보하고 양보받을 수 있는 여지가 있다. 그래도 해결되지 않는 부분은 공식석상에서 높은 분의 의사결정을 받으면 된다. 하지만 사전에 미리 협의할 때와 그렇지 않을 때의 과정과 결과는 천지 차이일 것이다. 협상왕은 자신뿐만 아니라 상대방도 빛나게 해준다. 고로, 협상의 결과는 '나도 좋고 너도 좋고'가 된다. 그들은 그 결과를 지향한다.

(2) 소통왕

말해 무엇할까. 소통은 직장생활의 처음이자 끝이다. 어쩌면 우리가 하는 모든 일이 소통의 과정이나 결과일 것이다. 이해관계가 거미줄보다 복잡하게 얽힌 직장에서의 소통 능력은 무엇과도 비교할 수 없이 중요하다.

소통왕은 앞서 언급한 대로 역지사지의 자세로 상대방을 이해하며 소통하는 것은 물론, 다양한 소통 방법을 시의적절하게 활용한다. 대면, 서면, 전화, 이메일 등을 자유자재로 구사하며, 언제 어떤 방법을 사용해야 상대방을 효과적으로 설득할 수 있을지 잘 안다. 특히, 상사의 성향이나 그날 기분 등을 종합적으로 판단하여 소통 방법을 선택하고 실행한다. 사람이 모여 일하는 곳인지라, 의사결정을 비롯해 꽤 많은 것이 '기분'에 따라 좌지우지되는 웃픈 상황이 발생하기 때문이다.

언젠간 메일로 죽도록 싸운 상대방과 얼굴 보며 1분 만에 쉽게 푼 적도 있고, 기분이 좋지 않은 상사에게 대면 보고 대신 이성적이고 논리적인 서면 보고를 하여 승인받은 적도 있다. 메일 수백 통이 오가던 일을 직접 목소리 들으며 전화 한 통으로 해결한 적도 있고, 전화로 애매모호하게 이야기하던 것을 이메일로 간단명료하게 끝낸 경우도 있다.

소통 방식은 그 사람의 이미지를 형성하는 데 큰 역할을 한다. 쉽게 생각해보자. 논리로 무장한 자신 있는 말투, 상황에 따라 이메일, 보고서 등의 소통 방법을 골라 쓸 수 있는 능력을 갖췄다면 누구나 그를 '일 잘하는 사람'이라 칭할 것이다.

상사의 질문엔 결론부터 이야기하고, 중언부언하지 않으며 '묻는 말'에 제때 대답하는 것이 중요하다. 나의 소통 방식과 과정 하나하나는 상대로 하여금 나를 판단하게 하는 꽤 명확한 단서가 된다. 소름 끼치는 일이지만 이게 현실이고 팩트다. 몇 번을 강조해도 지나치지 않다.

(3) 리더십왕

'리더'는 우리말로 '선도자'로, "앞에서 이끄는 사람"이라는 사전적 뜻을 가지고 있다. 우리는 일상에서 리더라는 말을 참 자주 사용한다. 그리고 '좋은 리더'의 덕목이나 요건에 대해서도 몇 가지쯤은 바로 대답할 수 있다. 어쩌면 자신의 상사를 자연스레 떠올리고, 그 반대에 해당하는 모습이 좋은 리더의 덕목이라 말할지도 모르겠다.

우리는 흔히 '관리자'와 '리더'를 동일시한다. 하지만 이 둘 사이에는 꽤 큰 차이가 있다. 직장 내 조직 관점에서 보자면 관리자는 다른 사람에게 영향력을 끼치는 사람이지만, 리더는 영향력을 발휘하여 구성원이 성과를 낼 수 있도록 하는 사람이다. 어떤 사람이 관리자가 되었다고 해서 그를 리더라고 말할 순 없다. 아쉽게도 리더를 바랐는데 관리자의 모습만 내세우는 상사가 더 많은 게 현실이다.

리더는 관리자일 수도 있고 아닐 수도 있다. 리더가 가진 영향력이 '공식적'(팀장, 조직 책임자 등)이라면 관리자라 할 수 있고, 그렇지 않은 경우(중간 관리자, 파트 리더)라면 관리자라 하기엔 무리가 있다. 다만, 진정한 리더라면 관리자를 뛰어넘는 성과를 만들어 낼 확률이 훨씬 높다.

그 사람이 리더인지 관리자인지, 아니면 이도 저도 아닌지는 현장에서 쉽게 알 수 있다. 특히 일이 터지거나 했을 때는 더 그렇다. 예를 들어보겠다.

A: "이러한 문제가 생겼는데, 이거 어떻게 책임질 거지? 왜 미리 말 안 했나?"

B: "이러한 문제가 생겼는데, 같이 한번 봅시다. 그동안 중간보고를 받지 못한 것 같은데, 미리 물어보지 않은 나에게도 잘못이 있으니 같이 대책을 마련해봅시다."

C: "이런 문제가 생겼던데, 나는 모르겠고 알아서 잘 해결하세요."

더 이상의 설명이 필요할까? 위 상황에서 누가 리더인지 아닌지는 명백하다. 내가 만났던 좋은 리더들은 팀의 에너지를 끌어올려 그보다 더 큰 시너지로 탈바꿈시키는 데 귀재였다. 방향은 명확했고, 구성원들의 이야기를 경청했으며 일을 하는 중에 피드백을 과하지 않게 그러나 엄격하고 단호하게 했다. 무엇보다, 탑다운 방식으로 일이 할당될 때도 우리가 왜 그 일을 해야 하는지, 그리고 그걸 했을 때의 결과와 영향력은 어떠한지를 사전에 미리 팀원들과 공유했다. 그렇게 하면 야근해야 하는 상황이 생겨도 팀원들의 불만이 없었다. 나 하나 잘되자고 아랫사람을 부리는 사람이나, 위에서 깨진 감정을 고스란히 아니 더 증폭시켜 구성원을 화풀이 대상으로 삼는 관리자와는 명확히 선이 그어지는 특징이다.

(4) 전략왕

전략의 사전적 뜻은 "정치, 경제 따위의 사회적 활동을 하는 데 필요한 방법이나 책략"이고, 군사적 의미는 "전쟁을 전반적으로 이끌어가는 방법이나 책략"이다. 사회생활이 전쟁과도 같다는 점을 생각할 때 이 사전의 뜻풀이는 우리 삶을 소름 돋게 잘 표현해 낸 것 같다. 사회활동이든, 전쟁이든 간에 전략은 생존과 직결되기에 반드시 필요하다.

직장에는 전략적 사고와 전략적 행동을 하는 사람이 꽤 있다. 그들에겐 배울 점이 참 많다. 그런데 개인의 성과, 즉 광을 파는 것을 목적으로 전략을 사용하면 그 사람은 '정치적인 사람'으로 변질되기 쉽다. 아쉽게도 직장에는 이렇게 변질되거나, 아니면 처음부터 개인적 안위를 위해 전략을 구사하는 사람들의 수가 갈수록 늘어난다. 물론, 인정받는 것이 중요한 직장에서 어느 정도 자신을 내세우는 전략도 필요하지만, 이는 기본이 뒷받침되고 성과와 연계될 때 빛을 발한다.

전략왕이라 부를 만한 사람들을 보면, 생각과 주관이 뚜렷한 경우가 많다. 그래서 배울 점이 많다. 그들이 하는 사고는 경험과 지식, 그리고 감성적인 것의 총합으로 항상 정답일 순 없지만 대개 맞아떨어지고 그렇지 않더라도 큰 손해가 없다. 한순간을 모면하는 재치나 비책과는 차원이 다르다. 기승전결을 따져 단기적이 아니라 장기적으로 사고하고 행동한다. 그들과 대화하면 즐겁다. 지금 하는 일을 먼 훗날의 결과와 연결하여 생각하고 이야기하기 때문이다. 내가 생각하지 못했던 훗날을 미리 생각하며 행동하는 그들의 설명을 들을 때면 난 언제나 짜릿함을 느낀다.

내가 모시던 한 상사는 보고의 시기마저도 전략적으로 선택했었다. 그 시기에 따라 의사결정이 달라지기도 했고, 또 타 팀의 협조도 쉽게 구할 수 있었다. 보고서를 완성하자마자 조급히 보고하느라 실수하는 나에게 그 상사의 전략적 사고와 행동은 큰 깨달음을 줬다. 마음의 부담을 빨리 덜어내고자 조급히 보고하고 떨쳐버리려는 나와는 달리 그분은 큰 판을 읽고 흐름을 보며 전략적으로 시간을 조율하고 기다릴 줄 알았다. 그 상사의 보고서 작성 방법 또한 전략적이었다. 방향은 명확했고, 군더더기가 없었으며 하고 싶은 것과 얻어내야 하는 것을 명확히 짚어냈다. 함께 보고서를 만들며 스토리라인 짜는 법, 거부감이 들지 않게 항목을 넣으며 작성하는 법을 배웠다. 보고서 작성에도 전략이 필요하다는 사실에 눈을 뜨게 된 시간이었다.

(5) 스킬왕

이 사람들은 '기술자'로 불리기도 한다. 어떤 사람은 엑셀에 능통하고 또 어떤 사람은 사내 시스템에 귀신이다. 업무 프로세스를 꿰차고 있어 조언자의 역할을 많이 하는 사람도 있다. 대부분 '일꾼'의 이미지가 강하다. 어느 한 분야의 기술을 갖고 있다는 것은 꽤 큰 장점이다. "아, 그거요? 누구누구 찾아가보세요. 도사예요"라는 말은 직장 내에서 찬사나 다름없다.

예를 들어, 엑셀을 잘하기로 유명했던 한 후배가 있었다. 그 친구의 단축키 스킬을 보면 사람의 경지가 아니라는 생각이 들 정도였다. 회사에도 시스템이 많지만, 그걸로 해결이 안 돼서 엑셀이 필요한 경우가 꼭 있는데 그럴 때마다 그 친구의 이름이 거론되었다. 엑셀을 잘한다고 일을 잘하는 건 아니지만, 중요한 회의석상이나 높은 분들의 의사결정 현장에 자리를 많이 한 그 친구는 높은 분들에게 눈도장을 확실히 찍었다. 그리고 '일 잘하는 사람'의 이미지를 다른 동료들보다 빠르고 견고하게 쌓아나갈 수 있었다. 물론, 그 친구는 실제로 일도 잘했다. 엑셀과 비슷하게 회사 내 시스템에 능통한 사람들도 인기가 많다. 즉, 평이 좋고 일 잘한다는 소리를 듣기 딱 좋다. 이러한 친구들도 실제로 일을 잘하는 경우가 많다. 시간을 내어 남들보다 한 번이라도 더 시스템에 접속해보았다는 반증이며, 시스템을 활용하여 일을 효율적으로 해낸다는 뜻이기 때문이다. "먹고살려면 기술이 있어야지"라는 어른들의 흔한 말이 틀리지 않음을 직장 내에서도 느낄 수 있다.

일 잘하는 사람의 유형을 몇 가지 짚어보았는데, 대부분 이미 알고 있는 것일 수 있겠다. 일 잘하는 방법에 정답은 없다. 중요한 건 수많은 정보와 지극히 당연한 것을 내가 어떻게 습득하고 행동하며 적용할 것인지가 아닐까.

솔직해져보자. 나는, 당신은 일을 잘하는 사람일까? 앞에서 살펴본 '일 잘하는 사람의 유형' 중 자신에게 해당하는 게 얼마나 되나? 때로는 역발상이 필요하다. 내가 일을 잘하기 위해서 어떤 능력을 갖춰야 하는가도 중요하지만, 그 반대를 돌아보는 것, 즉 버려야 하거나 피해야 하는 것을 알아보는 것도 중요하다.

'나는 일을 잘하는 사람일까?'라는 질문에 대부분은 스스로에게 관대한 점수를 줄 것이다. 잘한다는 말까진 안 하더라도 최소한, '에이, 나는 일을 못하지는 않아'라고 생각할 가능성이 크다. 문제는 일을 못하는 사람은 자신이 일을 못한다는 사실을 모른다는 것이다. 내가 일을 잘하는지 못하는지는 상대방이 더 잘 안다. 들려오는 소리에 귀 기울여보자. 다른 사람을 칭찬하는 데 인색한 우리네 문화에서, 만약 일 잘한다는 평판을 얻었다면 그 사람은 일을 정말 잘할 가능성이 크다. 반대로 평판이 좋지 않다면 억울한 마음은 잠시 누르고 겸허하게 이야기를 들어보자. 아니라고 부정만 하다가는 스스로 침잠할 가능성만 커진다. 다른 사람 말에 너무 휘둘릴 필요는 없다. 하지만 나를 시기하고 질투하여 망가뜨리고자 하는 사람들이 아니라면 타인의 평가는 어느 정도 객관성을 띠고 있다고 할 수 있다. 나에게 관대한 나 자신의 평가와 객관성을 가진 다른 사람의 평가를 조합하여 나를 돌아보면 된다.

직장에도 좋은 사람은 매우 많다. 형, 누나, 오빠, 언니의 호칭도 불사할 정도로 가까운 사람이 있다. 그렇게 편한 사람이 있다는 것은 직장생활의 작은 낙이다. 하지만 장소가 '직장'이란 데 문제가 있다. 일로 엮인 사람들에게 '일'은 기본 전제여야 한다. 아무리 호형호제를 하며 술잔을 기울이고 간밤의 숙취를 이른 아침 같이 푸는 의리로 엮인 사람이라 해도, 함께 일하다가 서로 실망하는 경우를 자주 본다. 어쩌면 친할수록 일을 잘하는 게 더 중요할지 모른다. 그 친분을 더욱더 공고히 하려면 말이다. 나는 친한 사람과 일 잘하는 사람은 구분해서 보는 편이다. 쉬운 설명을 위해

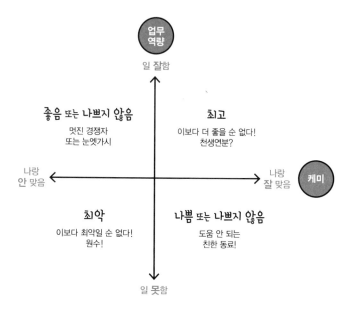

표로 요약해보겠다. 아마 표를 보면 바로 느낌이 올 것이다.

이보다 더 재치 있게 설명해놓은 표도 있다. 인터넷 커뮤니티를 통해 공유되며 큰 호응을 얻었던 일명 '호사분면'이라는 표다. 상사와의 관계에 좀 더 초점을 뒀는데, 중요한 것은 상사나 동료, 후배 모두에게 '호로XX'가 되어서는 안 된다는 것이다.

앞에서 일 잘하는 사람들의 유형에 대해 정리해본 것처럼 이번엔 일 못하는 사람들의 유형에 대해 열거해보고자 한다. 공자는

직장 내공

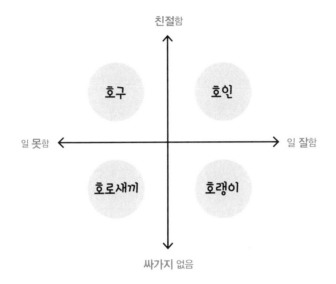

"세 사람이 길을 가면, 반드시 나의 스승이 있다"고 말했다. 이는 스승의 존재 여부를 떠나, 누구를 만나도 배울 것이 있으니 내가 깨달아야 한다는 가르침일 것이다. '저렇게 하지 말아야지'라는 것을 느끼면서도 우리는 배울 수 있다. 정리된 유형을 보며 자신에게도 혹시 이런 모습이 있진 않은지 생각해보면 좋겠다.

(1) 싸움왕 (vs. 협상왕)

결론부터 말하겠다. 이들은 '협상왕'에 반대되는 사람들로 하나는 알고 둘은 모른다. 즉, 하나를 쟁취하기 위해 싸움도 불사하지만 실제로 얻는 것은 거의 없다. 열 개를 얻을 수 있는 상황에서도 하나 이하를 얻는다. 목소리가 크고, 다른 사람들의 요청을 모두 '공격'으로 간주한다. 회의에 참석하고 나올 때면 씩씩거리며 타 부서 누군가의 이름에 온갖 저주를 퍼붓는다. 역지사지란 없다. 그저 내가 당장 불편하고 내가 손해 봤다고 생각하면 앞뒤를 가리지 않고 들이받는 유형이다. 유관부서나, 팀 내 사람까지 갈무리하고 편을 나누어 팀워크를 확실히 망가뜨리는 역할에 능수능란하다.

보통 이러한 사람들은 뒤에 언급할 '무지(無知)왕'의 성격도 함께 갖고 있다. 예를 들어, 싸움왕인 A차장은 평소에 부서 업무에 관심이 없다. 어쩌다 팀 대 팀 회의에 들어갔다가 높은 분이 있는 공개석상에서 상대팀의 B과장에게 질문을 받았다. 업무에 관심이 없으니 답을 제대로 할 수가 없었다. 결국, 망신을 당하고 말았다. A차장은 회의가 끝나고 자신이 업무에 좀 더 관심을 가져야겠다고 생각했을까? 천만에. 자신의 부족함은 생각지 않고 질문한 사람을 공격자로 간주, 다음 회의에서 B과장을 어떻게 짓밟을지 고민한다.

또 다른 유형의 싸움왕도 존재한다. 우리가 우스갯소리로 하는

'키스를 책으로 배운' 유형이다. 목소리가 크거나 전화로 상대팀과 고성을 내며 싸우는 것을 '일을 잘하는 것'으로 착각하는 경우다. 실제로 3년 정도 입사가 늦은 한 후배가 그랬다. 업무 전화의 80%는 고성이 오간다. 같은 층 사무실 거의 모든 사람이 무슨 일이 일어난 줄 알고 놀란다. 물론, 시간이 흐르면 '또 시작이구나'라고 생각한다. 씩씩거리며 전화기를 부술 듯 끊은 그 후배는 가끔 나를 지긋이 바라보며 '저 잘했죠?'라는 눈빛을 보내곤 했다. 편들어주기가 참 난감했던 기억이 난다.

이렇듯, 싸움왕은 멀리 보지 못하고 당장의 이익이나 손해에만 혈안이 되어 전체적인 팀워크를 저해한다. 일의 효율은 물론, 유관 부서와의 사이도 좋지 않기 때문에 개인뿐만 아니라 팀 전체에 손해를 끼칠 가능성이 크다. 그 싸움왕이 파트 리더나 팀장 자리에 앉으면 더 골치 아픈 상황이 발생하는 건 뻔한 일이다.

(2) 불통왕 (vs. 소통왕)

'소통왕'과 반대되는 사람들로, '모든 소통에 답이 없는 사람'과 '자신의 고집에 싸여 인정할 것을 인정하지 않는 사람' 두 가지 유형이 있다. 전자는 일 못하는 사람의 대표적인 유형이다. '성실성'과 '빠른 응답'은 일 잘하는 사람의 기본 요소다. 즉, 성실성과 빠른 응답만 해도 반은 먹고 들어갈 수 있다. 모든 소통에 답이 없는 사람은 일에 대한 열정이 없거나, 업무를 잘 모르거나, 게으른 경우가 많다.

나보다 2년 앞선 한 선배는 위 세 가지 외에 하나를 더 갖고 있었다. 그는 효과적인 소통 방법을 몰랐다. 항상 유관부서로부터 클레임이 날아온다. 업무에 대한 클레임을 넘어 담당자 교체를 원하는 치명적인 클레임이다. 일은 해결 못 하더라도 언제까지 지원하겠다는 귀띔만 해줘도 상황이 이 정도로 커지진 않았을 것이다. 답도 없는 데다, 대면, 서면, 전화, 이메일, 보고 등의 사용법을 제대로 모르니 치명적인 클레임을 받은 것은 자승자박이라고 볼 수밖에 없다.

불통왕의 두 번째 유형은 자신의 고집과 아집에 둘러싸여 당최 다른 사람의 말을 듣지 않는다. 만약, 그 사람의 의견이 맞다면 문제가 없다. 오히려 뚝심 있는 사람이 될 수도 있다. 하지만 자신의 지식이나 경험이 늘 옳지는 않다는 걸 인정하지 않는다. '다른 것'과 '틀린 것'도 구분 못 하는 경우가 많다. 이러한 유형은 상사든, 동료든 후배든 간에 만나고 싶지 않다. 하지만 나 자신을 돌아볼 때, 내 의견을 피력하기 위해 불통왕의 면모를 보이지는 않았는지 반성하게 되는 부분도 있다. 불통을 넘어 남을 바꾸려 하는 위험한 시도를 한 건 아닌지에 대한 성찰도 함께.

(3) 권력왕 (vs. 리더십왕)

관료주의의 사전적 뜻은 "관료 사회에 만연해 있는 독선적, 형식적, 획일적, 억압적, 비민주적인 행동양식이나 사고방식"이다. 역사적으로나 사회적으로 볼 때 우리나라에는 '관료주의 문화'가 있다. 정치제도, 교육 환경, 군대라는 계급 문화까지……, 바람직하지 않다는 걸 알면서도 따를 수밖에 없는 것이 현실이다. 그런데 이 모든 것을 아우른 합이 직장의 관료주의에 못 미친다고 생각한다. '관료주의'를 설명하는 위의 단어 전부가 우리 직장에서 흔히들 일어나는 일이기 때문이다. 솔직히, '관료주의'를 '직장생활'로 바꾸어도 전혀 어색하지 않을 정도로 소름 끼치게 잘 묘사했다는 생각이 든다.

관료주의는 '권력'이 득세할 때 생겨난다. 리더가 아닌 권력자 아래서는 위와 같은 것이 비일비재하게 일어난다. 앞서 우리는 리더란 "영향력을 발휘하여 구성원이 성과를 낼 수 있도록 하는 사람"이라고 했다. '권력왕'은 이와 다르다. 자신의 영향력을 행사하여 구성원이 성과를 내는 게 아니라 자신을 보필하길 원한다. 구성원은 자신의 성과를 빛내고 닦아줄 부속품에 지나지 않는다.

권력을 잘못 활용한 예가 있다. 한 후배는 1년 전에 최연소 팀장이라는 타이틀을 거머쥐었다. 모든 사람이 그 후배의 고속승진 비결을 궁금해했다. 팀에 그 후배보다 열 살이나 많은 부장 팀원이 있을 정도였다. 하지만 그 최연소 팀장의 신화가 깨지는 데는 채 1년도 걸리지 않았다. 팀원들을 권력으로 다스리고 불화를 일삼더니, 결국 협력업체와의 금전문제 및 부도덕한 일에 연루되어 권고사직을 받았다. 주어진 '권한'을 '권력'으로 오용하면 이런 일이 일어난다. "그 사람의 성품을 알고 싶다면, 그에게 권력을 줘보라"는 에이브러햄 링컨의 명언이 생각나는 사례였다.

(4) 정치왕 (vs. 전략왕)

'전략왕'에 반대되는 유형으로 분류했지만 사실 '정치왕'은 '전략왕'과 한끗 차이다. 하지만 그 결과 차이는 어마어마하다. 전략왕은 자신은 물론 팀의 품격을 함께 상승시킨다. 이에 반해 정치왕은 오로지 자신의 이익과 안위만을 목적으로 한다. 그 결과가 자신은 물론 팀에 기여하면 정치왕도 겉으로는 전략왕처럼 보일 수 있다. 하지만 바보가 아닌 이상 함께 일하는 사람은 결과가 같더라도 그 사람이 전략왕인지, 정치왕인지 과정을 보면서 파악할 수 있다.

'일 잘하는 사람의 유형'에서도 언급했지만 직장생활에서 '정치'는 피할 수 없는 부분이다. 정치라는 어휘가 주는 이미지 때문에 부정적으로 보일 수도 있지만, 좋게 포장하면 '전략적인 접근이나 계획'으로 표현할 수 있다. 올바르지 않은 정치인들에게 하도 속아서 그렇지 '좋은 정치인'도 분명 있다.

전략왕은 큰 그림을 보고 목표와 목적, 그리고 수단을 조율하는 반면 정치왕은 그렇지 않다. 조급한 의사결정과 단기적인 업무 진행은 한계를 드러낸다. 회사나 공동의 목표는 안중에도 없다. '드러나는 사람'과 '드러내는 사람'이 있다면 정치왕은 당연히 후자 쪽이다. 드러내야 할 때가 분명히 있지만, 정치왕 유형의 사람들은 이를 과하게 추구한다. 그래서 함께 일하면 팀워크에 문제가 생긴다. 이런 사람이 권력을 가지면 독재자가 되기 쉽다. 자신의 입신 양명을 위해 싸우고, 불통하며, 권력을 휘두를 가능성이 농후하기 때문이다.

(5) 무지왕 (vs. 스킬왕)

이 '무지왕'이 상사로, 동료로 또는 후배로 있다고 생각해보자. 속이 터진다. 일 못하는 사람의 유형 제1순위가 바로 이 '무지왕'일 것이다. 일을 잘하기 위해서는 마음가짐도 중요하지만, 업무 기술도 필요하다. 업무 기술이란 말 그대로 시스템을 잘 다루거나, 보고서를 잘 만들거나, 발표를 잘하거나, 관련 영역 및 업무에 대한 전문적 지식을 갖추는 것 등을 말한다. 웃픈 사실이지만, 상사나 동료 또는 후배 중에 이런 업무 기술을 전혀 갖추지 않은 사람이 하나쯤 꼭 있다.

무지왕을 만났을 때 속이 터지는 사람들은 '스킬왕'이다. 일이 몰릴 대로 몰린다. 무지왕은 게으르거나 무능력한 경우가 많기 때문에 그들이 기술을 익히는 날을 기다리느니 차라리 내가 처리하는 게 나은 경우가 태반이다. 매일 다루는 시스템에는 전혀 관심이 없고, 팀에서 돌아가는 공통 이슈나 어젠다에도 관심이 없다. 전체 공지한 메일은 읽지 않고 나중에 뒷북을 치기 일쑤다. 어떻게 경쟁을 뚫고 입사해서 우리 주위에 앉아 있는지 불가사의한 일이지만 이게 현실이다. 그나마 동료나 후배라면 조언을 하거나 가르치면 될 일이다. 그런데 상사가 이 무지왕 유형에 해당하면 정말 피곤한 일이 아닐 수 없다. 이런 상사를 두었다면 팀의 존폐 위기까지 고려해야 한다. 상사가 잘돼야 나도 잘될 가능성이 높은 직장생활에서는 더더욱 그렇다.

이렇게 유형을 나열하고 돌아보니, 오히려 반성을 많이 하게 된다. 일을 잘한다는 것, 그리고 일을 못한다는 것의 차이는 뭘까? 나는 일을 잘하고 있을까, 못하고 있을까? 내가 생각하는 나와, 남이 생각하는 나는 같을까? 다르다면 얼마나 다를까? 나의 업무에 몰입하면서 본의 아니게 팀워크에 피해를 주진 않았을까? 때로는 회사를 위하고 공동의 목표를 위해 맞다고 생각한 일이 다른 사람을 불편하게 하진 않았을까?

어쩌면 우리 주위에 앉아 있는 상사와 동료, 그리고 후배는 저마다의 최선을 다하고 있는지 모른다. 나와 맞지 않다고 해서, 나의 의견에 손들어주지 않는다고 해서 그들을 '일 못하는 사람'으로 멋대로 규정하진 않았을까? 각자의 입장을 내세우다가 서로를 '불통왕'이라고 손가락질하진 않았을까? 내가 그 부서였다면, 그 팀이었다면 같은 소리를 하고 있었을 게 뻔한데도 말이다.

나를 돌아보고, 다른 사람을 배려하고, 다른 사람이 보는 나에 대해 귀 기울이고, 자기 성찰을 하는 것은 일을 잘하게 되는 것 이상의, 어쩌면 인생을 좀 더 잘 살 수 있는 지혜를 얻을 중요한 기회일지도 모르겠다.

실수에
슬기롭게
대처하는 법

직장은 사람들이 모인 곳이다. 사람이 모인 곳이니 당연히 '실수'가 존재한다. 크고 작은 실수가 여기저기서 튀어나온다. 신입사원부터 임원까지, 그 빈도와 크기가 다를 뿐 누구나 실수한다. 물론, 신입사원이나 경험이 많지 않은 사람의 실수가 더 잦다. 익숙하지 않으니 그렇고, 주어진 일이 많아 더 그렇다. 실수는 다반사고, 하루하루 잔소리를 들어가며 일을 배운다. 자존감은 사라지고, 점점 더 초라해지는 자신을 발견한다.

선배나 상사도 마찬가지다. 익숙함과 노련함으로 무장해보지만 실수는 여전히 어디선가 터져나온다. 이들은 대부분 실수 그 자체를 두려워한다기보다는 실수 때문에 다른 사람들에게 받을 시선을 더 두려워한다. 자칫, 프로페셔널한 이미지에 흠집이 날 수도 있기 때문이다. 직급과 직책이 올라가면 올라갈수록 단 한 번의 실수가 치명타가 되기도 한다. 책임에 대한 범위가 넓어지고, 그 무게가 만만치 않기 때문이다. 물론, 그래서 월급을 더 많이 받긴 하지만⋯⋯.

누구나 실수를 하지만 그것을 대하는 태도는 각양각색이다. 사람은 누구나 '방어적인 면'을 가지고 있다. 생존하기 위해서다. 이 생존본능이 직장생활에서는 자신의 마음과 정신을 보호하는 데 주로 작동한다. 실수를 대하는 각자의 태도는 생존법과 관련되어 있다. 그 유형도 가지가지다.

(1) 자신이 실수했는지 모르는 유형

아마추어인 경우가 많다. 자기 일에 깊은 열정도, 책임감도 없다. 보통 자기 성찰이 없다. 어떤 일을 하고 나서 그 이후의 맥락을 살피지 않는다거나, 무슨 일이 일어나도 나는 상관없다는 태도를 보인다. 책임감 있는 사람은 보통 자신이 한 일이 어떻게 끝맺음을 하는지에 대해 조금이라도 신경 쓴다. 그리고 일이 마무리되었을 때 비로소 시원한 한숨을 내쉰다. 반면에 자신이 실수했는지 안 했는지, 내가 마친 일이 잘 마무리된 건지 아닌지에 대한 관심 없이 그저 주어진 일을 억지로 하는 사람이 어딜 가나 한두 명은 꼭 있다.

자기 일에 큰 열정이 없던 인턴 친구가 있었다. 그에게 작성하라고 지시했던 자료가 와서 파일을 열어보니 여기저기 숫자가 틀려 있었다. 성의가 안 보였고, 내용도 앞뒤가 맞지 않았다. 뭐가 문제인지 가르쳐줄 요량으로 그 친구를 불러 우선 자료에 대해 설명하라고 했다. 놀랍게도 그 친구는 자신이 만들고 정리한 파일에 대해 설명을 제대로 못했다. 거기에 왜 그 숫자가 들어갔는지, 자신이 왜 그 자료를 넣어 보냈는지 까맣게 잊은 듯했다. 왜 그 일을 요청했는지 전체 맥락에 대한 고민 없이, 그저 하라니까 억지로 일했다는 것을 쉽게 알 수 있었다.

(2) 실수를 인정하지 않는 유형

많은 사람이 여기에 속한다. 나 또한 그렇다. 하지만 이는 자연스럽다. 자신의 실수를 받아들이는 데는 많은 용기와 시간이 필요하다. 앞서 사람은 생존을 위한 방어적 본능을 갖고 있다고 했다. 일단 살고 봐야 한다. 국정농단을 일으킨 주범들도 우선은 자신의 잘못을 부정하고 본다. 객관적으로 모든 잘못이 밝혀졌는데도 계속해서 부정하는 건 살겠다는 발버둥이다.

문제는 자신이 실수한 것을 알고 난 다음이다. 그걸 알고 나서도 인정하지 않는 것은 바람직하지 않다. 아무리 본능적인 반응이라

처도 인정할 것은 인정해야 한다. 실수를 인정하지 않으면 많은 것이 꼬인다. 실수를 인정하지 않으려 갖가지 감정싸움과 소모적인 커뮤니케이션을 하지만 결국 그 실수가 드러나면 두 번 다치는 꼴이 된다.

의욕 넘치던 신입 시절, 한번은 타 부서와 이메일로 싸움이 붙었다. 요청 사항에 대한 회신이 바로 오지 않았다. 타 부서는 나에게 제시간에 자료를 보냈다고 우겼고, 나는 여러 사람을 수신자에 넣어 더욱더 세차게 공격을 했다. 아차, 받은 메일함을 열어보니, 내가 요청한 자료가 그 메일에 있었다. 첨부 파일이 여러 개였는데 스크롤해서 아래까지 보지 못한 나의 실수였다. 당시는 많은 사람이 보는 메일에서 잘못을 인정하기가 죽도록 싫었다. 그래서 내가 실수한 부분은 언급하지 않은 채 더욱더 자극적이고 공격적인 말로 예전에 있었던 상대방의 실수까지 들먹이며 평소에 잘 보냈으면 이런 일이 없지 않았겠느냐며 '탓'을 했다. 지금 돌아보면 누가 봐도 내 실수인데, 난 그것을 인정하지 않았다. 오히려 다른 잘못을 끄집어내며 꼬치꼬치 싸움을 건 적반하장의 꼴을 보였다. 실수를 알고도 인정하지 않고 오히려 성을 낸 그때를 돌아보면 아직도 얼굴이 화끈거린다. 메일을 본 사람들은 나를 지독한 하수로 여겼을 것이다.

(3) 남의 실수를 눈에 불을 켜고 찾는 유형

"최선의 방어는 공격"이라 했던가. 어떤 사람은 남의 실수를 찾아내기 위해 눈에 불을 켠다. 이 또한 생존을 위해서다. 내가 잡아먹히기 전에 남을 잡아먹는 수법이다. 남의 실수를 발견하며 쾌재를 부르고, 상대방에게 우위를 점하려 든다. 내가 너의 실수를 잡아냈다. 그러니 난 너보다 더 나은 사람이고, 이걸 크게 떠벌리지 않을 테니 고마운 줄 알아라. 그 실수를 지적하며 강제 우위를 점하려 든다.

보통 부서에는 각자의 의견이나 자료를 모으는 '취합' 업무가 있다. 취합하는 사람은 그 업무에 대해 잘 안다. 전체적인 관점에서 바라보기 때문이다. 자료 작성자는 자기가 맡은 단편적인 부분만 보게 된다.

어떤 부서의 한 차장은 깐깐한 취합자로 유명하다. 그는 다른 사람들이 보낸 자료를 눈에 불을 켜고 본다. 그래서 누군가의 실수를 찾아내면, 여지없이 큰 소리로 그 사람을 향해 말한다.

"김대리, 이거 자료 준 거 틀렸는데?"

머리를 긁적이며 그의 자리로 가는 김대리는 참으로 멋쩍다. 그렇다고 그 차장이 실수를 안 하는 것도 아니다. 다른 사람이 자료를 취합하는 날에는 반대의 상황이 일어나기도 한다. 자신의 실수를 들켜서 구겨진 자존심에 대한 분풀이를 하려는 듯, 그 차장이

취합자 역할을 할 땐 어김없이 눈에 불을 켜고 다른 사람의 실수를 찾아낸다.

이렇게 자신의 잘못을 인정하지 않거나, 누군가의 실수를 지적하려는 행동은 직장생활을 참 피곤하게 만든다. 자신을 방어하기 위해, 상대방을 공격하기 위해 항상 신경을 곤두세워야 하니 예민할 수밖에 없다. 실수가 일어났을 때 그걸 부정하려 하거나, 그저 자존심 다치지 않으려는 데 온 에너지를 쏟는다. 그런데 그렇게 생존해서 남는 게 뭘까? 생존도 편안하고 행복한 삶을 위해서인데, 매사 그렇게 불안하고 초조하게 산다면 그게 정말 사는 걸까?

일을 잘하기 위해선 마음이 편해야 한다. 현란한 기술도 필요하지만 때로는 힘을 쭉 뺀 여유도 필요하다. 골프나 야구, 농구나 당구 등 많은 스포츠에서 우리는 자세를 낮추고 힘을 빼는 게 얼마나 중요한지를 배운다.

직장에서 십수 년을 일하고 있지만 나는 아직도 실수한다. 하지만 이전과 다른 건, 그 실수를 알아차리면 이제 곧바로 인정한다는 것인데 이는 결과적으로 다음과 같은 차이를 만든다.

첫째, 내가 잘못을 인정하면 상대방도 수긍한다.

사례 1)

A 부서: 숫자가 틀린 것 같네요. 이렇게 주시면 어떡합니까?

나: 뭐가 틀렸다는 거예요? 줘보세요. 제대로 보신 거예요?

A 부서: 10페이지 두 번째 줄 보세요. 맞나요?

나: 아니, 그럴 수도 있지. 틀린 줄 알았으면 그쪽에서 알아서 고치면 되지 않나요?

A 부서: 뭐요?

사례 2)

A 부서: 숫자가 틀린 것 같네요. 이렇게 주시면 어떡합니까?

나: 아, 어디가 틀렸나요? 어딘지 알려주실래요?

A 부서: 10페이지 두 번째 줄 보세요. 맞나요?

나: 아, 미안합니다. 뭔가 착오가 있었네요. 다음엔 주의할게요. 자세히 봐주셔서 고맙습니다.

A 부서: 아……, 네.

실수를 인정하는 자의 모습은 초라하지 않다. 오히려 아름답다. 실수를 인정하기 전까지는 마음도 복잡하고, 두려움이 앞서지만, 막상 실수를 인정하면 후련하다. 아니라고 자신을 속이려는 게 스스로를 더 힘들게 한다. 위 사례 중 어떤 것이 더 바람직한지는 이야기하지 않아도 잘 알 것이다.

사례 1처럼 처신하면 어차피 나중에도 함께 일해야 하는 타 부서와의 관계가 불편해진다. 아마 매사에 문제가 발생할 것이다. 직장생활을 피곤하게 만드는 지름길이다.

사례 2처럼 하면 의사소통이 더 원활해진다. 게다가 상대방의 마음을 살 수도 있다. 언젠가 그 부서에서 실수했을 때, "뭐 그럴 수도 있죠!"라고 한마디 해주면 앞으로 서로의 실수 때문에 얼굴 붉힐 일은 없어진다. 다른 이의 실수를 품어주는 여유는, 나의 실수를 인정할 때 나온다.

둘째, 잘못을 인정하는 버릇을 들이면, 문제를 발견할 수 있다.

사례 3)

상사: 자네, 일을 이따위로 하나? 정신 안 차려?

나: 네, 죄송합니다. (아, 짜증 나.)

상사: 내일까지 자료 준비해서 별도 보고해!

나: 네, 알겠습니다. (아, 저만 잘났지!)

사례 4)

상사: 자네, 일을 이따위로 하나? 정신 안 차려?

나: 네, 죄송합니다. (자, 가만 내가 뭔가 잘못했나 본데 뭘 잘못했을까?)

상사: 내일까지 자료 준비해서 별도 보고해!

나: 네, 알겠습니다. (아하! 그러고 보니 상사는 항상 A 자료를 중요하게 여기는데, 내가 그걸 못 챙겼네.)

실수에 대해 상사에게 꾸지람을 들었다면 상사의 말에서 '메시지'와 '감정'을 구분해야 한다. 그저 그 말을 기분 나쁘게 받아들이면 문제를 파악할 수 없다. 하지만 감정과 별개로 정말 내가 놓친 부분은 뭘까 고민해보면 문제와 함께 해결의 실마리가 보인다. 사례 3처럼 받아들이면 더 이상 개선될 여지는 없다. 장담하건대, 동일한 일로 언제고 다시 깨질 확률이 높다. 사례 4처럼 생각하면 내가 놓친 것을 돌아볼 수 있는 여유가 생긴다. 그러면 다음번엔 미리 제대로 준비해서 일 잘하는 사람으로 여겨질 것이 확실하다.

"공격이 최선의 방어"라는 말이 있지만, "방어가 최선의 공격"이라는 말도 있다. 말장난 같지만 둘 다 진리다. 누구나 직장에서 생존하길 바란다. 하지만 초조해하고 불안해하며 지낼 것인지 아니면 조금이라도 마음 편하게 지낼 것인지는 각자의 선택에 달렸다. 일을 잘하는 방법은 참으로 많지만 가끔은 '내려놓기'가 일을 잘하기 위한 아주 강력한 방법이 되기도 한다. 실수와 잘못 인정하기를 통해서 말이다. 나의 실수를 인정하고, 남의 실수를 품어주는 사람은 일을 잘할 수밖에 없다. 일 잘하는 사람은, 그렇게 스스로 선순환 구조를 만들고 실천해나간다.

중간보고가
만드는 기적

"당신은 날 사랑하지 않는 것 같아!"

이게 무슨 소린가. 나는 그녀를 위해, 그를 위해 모든 걸 다했다. 밤낮을 고생했고 원하는 건 뭐든 다 했으며 뒤치다꺼리는 모두 나의 몫이었다. 내가 싫으면 싫다고 할 것이지 왜 이런 말을 할까? 내가 사랑하는 걸 왜 모를까? 내가 당신을 위해 얼마나 희생하고 있는지, 몰라주는 그 자체가 더 섭섭했다. 근데, 돌이켜보니 "사랑한다"는 말을 한 지 꽤 된 것 같긴 하다. 어느 서양 영화에서 나이든 부부가 여전히 살을 부대끼며 서로를 매력적인 상대라고 온몸으로 표현하던데, 그것도 해본 지 오래된 것 같다.

"말하지 않아도 알아요, 그냥 바라보면 마음속에 있다는 걸~."

읽기만 해도 익숙한 멜로디가 떠오르는 초코파이 광고음악 가사다. 너무나 아름다운 이 가사 속 상황은 아쉽게도 직장에서는 절대 통하지 않는다. 그걸 기대했다간 아주 큰 오해와 자기 손해를 불러올 가능성이 농후하다. 물론, 자신의 이미지가 매우 완벽해서 스쳐 지나가기만 해도 찬사를 받는 사람이라면 이야기가 달라지지만…….

한번 생각해보자. 당신은 직장에서 누구를 적극적으로 칭찬한 적이 있는가? 기브 앤 테이크를 위해 혹은 뭔가를 바라는 마음에 정치적으로 칭찬한 적은 있을 것이다. 아니면, 적어도 누군가를 칭찬하며 내 편을 만들려고 하거나 칭찬하는 나를 드러내기 위한 마음이 조금이라도 섞여 있었을 것이다. 물론 예외도 있을 수 있다. 하지만 장담컨대 진심으로, 자발적으로 누군가를 칭찬했던 때보다는, 단점에 대해 이야기하거나 '나를 위해' 누군가를 칭찬했던 횟수가 더 많을 것이다. 아니라면, 난 당신과 함께 일하고 싶다.

다시 앞으로 돌아가보자. 서두의 이야기에서 '사랑' 대신 '일'을 대입해보면 참으로 흥미롭다.

"당신은 일을 제대로 하지 않는 것 같아!"

이게 무슨 소린가. 나는 팀장을 위해 모든 걸 다했다. 밤낮 가리지 않고 일했고, 시키는 것은 뭐든 다 했으며 뒤치다꺼리는 모두 나의 몫이었다. 내가 싫으면 싫다고 할 것이지 왜 이런 말을 할까? 내가 열심히 일하는 걸 왜 모를까? 내가 당신을 위해 얼마나 희생하고 있는지, 몰라주는 그 자체가 더 섭섭했다. 근데, 돌이켜보니 업무 진행 현황에 대해 말한 지 꽤 된 것 같긴 하다. 내가 롤모델로 삼는 한 선배가 시시각각 현황에 대해 이리저리 조잘대는 모습을 보기만 했지 따라 해본 적은 없는 것 같다.

당신은 혹시, 상사나 팀장으로부터 다음과 같은 소리를 들은 적이 있는가?

"이건 내가 원한 방향이 아닌데."

"당신은 보고서가 왜 항상 이따위야?"

"이거 이거, 고쳐야 할 게 너무 많은데?"

"○○ 씨, 지난번에 그거 어떻게 되어가고 있어?"

"이거 내가 이렇게 하라고 했잖아. 왜 말한 대로 하지 않았지?"

그렇다면 지금부터 하는 말에 귀, 아니 눈을 기울이는 것이 좋겠다. 나 또한 이러한 문제를 겪어왔고 겪고 있으며 앞으로도 겪을 것이 분명하기 때문이다. 우리 월급쟁이들에게는 운명과 다름없기에.

'보고'처럼 직장인을 귀찮고 힘들게 하는 단어가 또 있을까? 보고의 사전적 의미는 다음과 같다.

① 주어진 일의 내용이나 결과 따위를 감독하는 자에게 말이나 글로 알림
② 보고하는 내용을 적은 글이나 문서

우리는 보고를 위해 밤을 지새우기도 하고, 상사에게 잔뜩 깨지고 좌절하기도 한다. 반복하다 보면 자연스레 머릿속에는 '때려치우고 싶다'는 생각이 든다. 힘겹게 작성한 보고서를 들고 갔는데, 앞서 언급한 부정적인 소리를 들으면 기분이 어떤가? 심지어 상사의 말을 꼬박꼬박 적어놓고 체크해가며 작성한 보고서인데도 말이다. 회사생활은 즐겁지 않고, 능률도 오르지 않는다. 동기부여도 되지 않는다. 일을 못한다는 자괴감마저 든다.

상사의 부정적 피드백을 줄이기 위한 유용한 방법이 있다. 우리가 사랑하는 사람에게 시시때때로 "사랑한다"고 표현해야 하는 것처럼 일할 때는 상사에게 그 일에 관해 표현해야 한다. 즉, '중간보고'를 해야 한다.

우리는 보고를 너무 어렵게 생각하는 경향이 있다. 보고라는 말만 들어도 양식이 잘 짜인 파워포인트 파일이나, '결재 바랍니다'라는 문구가 박힌 딱딱한 결재판이 생각날지 모른다. 하지만 우리

는 그 두려움에서 벗어나 중간보고를 할 수 있는 여유와 담대함을 갖추어야 한다. 중간보고가 필요한 이유는 당연히 우리가 앞서 언급한 부정적 피드백을 듣지 않기 위해서다. 그리고 일을 잘하기 위함이다. 인정받기 위함이다. 중간보고는 작지만 큰 무기다.

상사나 팀장이 되었다고 생각해보자. 내가 누구에게 일을 맡겼다. 이렇게 저렇게 원하는 사항을 전달했다. 마감은 다음 주 월요일이다. 그날이 되어 쭈뼛쭈뼛 팀원이 들고 온 보고서는 가관이다. 당장 나는 그 보고서 내용을 바탕으로 나의 상급자에게 보고해야한다. 고칠 시간이 없다. 화가 나지 않겠는가?

이는 단적인 예다. 초코파이 광고음악 속 가사가 직장에서 통하지 않듯이 "무소식이 희소식"이라는 속담도 보고에는 통하지 않는다. 중간보고는 그래서 필요하다. 일의 흐름에 대해 시시각각의 변화를 보고하고 상사와 방향을 함께 맞추어갈 필요가 있다. 때로는 상사도 자신이 한 말이나 마음, 생각을 바꿀 수 있기 때문이다.

중간보고는 일반 보고와는 다를 수 있다. 아니, 달라야 한다. 형식에 구애받지 않아도 된다. 중간보고는 조금 가볍게 생각해도 좋다. 그래야 하기에도 수월하다. 앞서 우리가 살펴본 보고라는 뜻을 보면 "말이나 글로 알림"이라고 되어 있다. 즉, 꼭 형식적인 틀에 갇히지 않아도 되는 '말이나 글'이면 된다. 말 그대로 중간중간에

직장 내공

수시로 하는 게 중간보고이기 때문이다.

중간보고의 형태는 거창하지 않다. 불쑥 찾아가 "팀장님, 현재 팀장님께서 말씀하신 부분을 작성 중인데요. 이렇게 이렇게 하고 있습니다" 내지는 "지시하신 보고서 작성 중인데, 이 부분이 잘 풀리지 않습니다"라는 식으로 말하면 된다. 진행 과정을 말하는 것, 그리고 때로는 조언을 구하는 것, 상사는 이 부분을 높게 사고 조언을 줄 것이다. 물론, 내용의 진전 없이 너무 자주 묻기만 하면 이해력이 떨어지는, 말귀 못 알아듣는 친구가 될 수 있으니 유의해야 한다.

이러한 중간보고 성격의 말을 건네는 타이밍도 중요하다. 상사나 팀장이 윗사람에게 깨져 돌아온 후나, 업무에 몰입하고 있을 때 말을 걸면 오히려 역풍을 맞을 수 있다. 중간보고는 가급적 이야기가 가볍게 오갈 수 있는 때가 좋다. 예를 들어, 팀원끼리 점심식사를 하러 내려가는 엘리베이터나 계단 등에서 하면 좋다. 대개 사람들은 상사 옆에 있길 부담스러워 한다. 상사와 편하게 나눌 이야기가 없기 때문이다. 어차피 할 말도 없는 거 업무에 대해 말하면 자연스럽게 이야기가 이어진다. 진행 중인 업무 관련 이야기라면 더 영양가가 있다. 게다가 막판에 들고 가서 깨질 확률을 줄일 수 있는 소중한 시간이기도 하다.

더 적극적으로는, 약간 나른해지는 오후 어느 즈음에 상사나 팀장님에게 티타임을 요청해도 좋다. 직장에서는 위로 올라갈수록 외로워진다. 아랫사람 중 누군가 먼저 다가와주면 상사들은 아이처럼 좋아하곤 한다. 다들 자기를 피해 다닌다는 것을 알기 때문이다. 커피 한잔하며 자연스럽게 "아, 지시하신 그 일에 대해 잠시 말씀드려도 될까요?"라고 운을 뗀 뒤, 현황과 어려운 점을 이야기한다. 모호하게 다가왔던 부분이 있다면 다시 질문하여 확실하게 이해할 기회로 삼을 수도 있다.

어떤 사람은 손이 오그라드는 것 같아 이런 행동을 하지 못하겠다고 한다. 상사나 팀장에게 먼저 다가가는 그 자체가 아부나 정치적인 행동으로 비칠 수 있다는 편견 때문이다. 하지만 절대 그렇지 않다. 진심은 직장에서도 통하게 마련이다. 의도를 갖고 접근하는 것은 맞지만 순수한 의도는 진심에 가깝다. 이렇게 먼저 다가가는 사람은 인정받을 확률이 크다. 열정적이고 적극적이라는 이미지가 더해지니 이득이다.

정리해보자. 현명한 부하는 절대 상사를 궁금해하게 내버려두지 않는다. 그 핵심 비결이 바로 중간보고다. 중간보고는 보고 막판에 상사의 호통 확률을 크게 줄일 수 있다. 단지, 호통을 적게 듣기 위한 것은 아니고 일을 잘할 수 있는 노하우이자 나만의 무기가 될 수 있다. 나아가 직장에서 인정받을 수 있는 좋은 방법이기도 하다. 상사 입장에서 자신이 지시한 일에 대해 이리저리 묻고, 방향을 맞추려 노력하는 부하를 어찌 미워할 수 있을까?

사랑할 땐 상대에게 '사랑한다'는 말을, 일할 땐 상사에게 '중간 보고'를 수시로 하자. 일과 사랑을 모두 얻는 아주 현명한 방법이 될 것이다. 아니, 분명 그렇다.

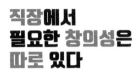

**직장에서
필요한 창의성은
따로 있다**

　　　　　　　　　　마치 영화 〈어벤져스〉를 보는 것 같았다.
신입사원들의 자기소개 시간, 대강당에서 이루어진 그 친구들의
소개 영상은 블록버스터 영화 못지않았다. 시공간을 초월하여, 우
리 회사에 들어오려 노력했다는 이야기에 사람들은 박수를 치며
호응했다. 그러고는 이구동성으로 외쳤다. "이야, 요즘 젊은 친구
들 정말 '창의적'이야!"

　아쉽게도 그 '창의적'이었던 신입사원의 절반은 이미 퇴사를 했
다. 그리고 남아 있는 친구들도 회사 내에선 시공간을 초월하는
능력을 다 잃어버린 모습이다. 도대체 그 신입사원들에게 무슨 일
이 생긴 것일까?

'답정너'라는 말, 한 번쯤 들어본 적 있을 것이다. 이 말은 직장에서 율법처럼 통용된다. 상사가 A를 보고 B라고 하면, 이제부터 A는 B다. 그분은 말씀하셨고, 부하직원들은 그걸 따라야 하는 분위기다. 거기에 대놓고 토를 달거나, 진짜 '정답'이라고 생각되는 말을 해도 받아들여질 확률은 거의 없다. 이런 분위기에서 창의성이란 단어는 점점 더 멀어진다. 내가 떠나보낸 것도 아니고, 내가 떠나온 것도 아닌데 말이다.

돌아보면 나 또한 '창의성'에 대한 자부심이 상당했었다. 각종 공모전 입상으로 상금과 상품을 수차례 받았고, 장학금부터 해외 탐방 기회까지 얻음으로써 창의성으로 나름 인정받았었다. 그렇다면 나는 직장에서 창의성을 갖고 일하고 있는가? 반은 그렇고, 반은 아니다. 다만, 그렇게 하기 위해 노력할 뿐이다.

직장생활을 하며 얻은 깨달음을 중 하나는, 일반적으로 말하는 창의성과 직장 내에서 발휘해야 하는 창의성이 '완전히 다르다'는 것이다. 우리는 창의성을 거창하게 생각하는 경향이 있다. 획기적으로 뭔가 바꿔놓는 것만을 창의적이라 규정한다.

직장에서 필요한 창의성은 그렇지 않을 때가 많다. 단계를 뛰어넘어 판(시스템)을 뒤집는 아이디어가 나오는 일은 매우 드물다. 정해진 판 안에서만 움직여야 할 때 사람들은 창의성을 발휘할 가치를 못 느끼거나 뭔가를 개선했더라도 큰 보람을 느끼지 못한다. 게다가, 조직 체계 특성상 탑다운으로 내려오는 과제가 많다 보니 창의성을 발휘할 자신감이나 생각의 유연함은 계속해서 쪼그라든다.

그렇다면 '직장에서 필요한 창의성'이란 무엇일까? 얼마 전 강의를 진행할 때 한 사회 초년생이 고민을 토로했다. 학교에서 마케팅 동아리 활동을 하면서 수많은 아이디어를 내서 칭찬도 받고 상도 받았는데, 정작 회사에 들어와보니 그런 일을 하고 있지 않아 힘들다는 거였다. 자신이 기대했던 직장생활과 많이 달라서 퇴사를 고민 중이라 했다.

고민이 충분히 이해되었다. 나도 같은 고민을 했었고, 지금도 하고 있으며, 앞으로도 계속할 것이기 때문이다. 그런데 이제는 그 둘을 구분할 줄 알아야 한다. 학생 때의 창의성이 연습용이었다면, 직장에서의 그것은 실전용이다. 성과로 연결되어야 하고, 그 결과에 책임도 져야 한다. 제한된 조건과 책임이 동반된 실전용 창의성, 그것이 직장에서 바라는 진짜 창의성이다.

A를 B라고 말하는 상사에게 면전에서 그건 아니라고 말하기보단 기회를 봐서 어떻게 내가 원하는 메시지를 전달할지 고민해보는 것, 기획서를 작성할 때 기존의 틀은 존중하면서 어떻게 하면

윗사람을 좀 더 잘 설득할지 고민해보는 것, 답은 이미 정해져 있는데 시도해서 뭘 하냐며 포기하지 말고 그 안에서 의미를 찾아보는 것, 서류 복사 심부름을 할 때 상사가 지시한 그 서류엔 무슨 내용이 담겨 있는지 눈여겨보고 상사의 입장에 서보는 것, 이런 식의 창의적 생각이 우리 직장인에겐 필요하다.

어쩌면 창의성은 우리네 직장인이 쌓아올린 담 바로 아래 그늘에 웅크리고 앉아 있는지 모른다. 세상을 바꾸고, 판도를 뒤집을 거창한 창의성이 아니면 의미가 없다고 생각하지 말자. 내가 가진 창의성과 직장에서 필요한 창의성을 어떻게 일치시킬지를 고민해보자. 번뜩이는 창의성이 있어도 때론, 그것을 뒷받침할 끈기와 오기가 필요하다. 언젠간, 시공간을 초월하는 그 창의성을 발휘할 날이 오지 않을까 하는 믿음으로!

감정이 아닌 감성으로 일하라

사람은 '감정'의 동물이다. 감정은 희노애락 모두를 아우른다. 심리학적으로 보자면 인류는 감정에 의존해 살아왔다. 최초의 감정은 '공포'였다. '생존'을 위해서다. 원시시대 때 맹수가 나타나면 불현듯 생겨난 공포라는 감정이 사람을 도망치게 했다. 하지만 문명사회가 되면서 사람들은 감정을 숨기고 논리와 이성을 앞세우기 시작했다.

직장은 논리와 이성이 첨예하게 맞서는 곳이다. 한순간이라도 감정을 내세우면 '하수' 취급을 받는다. 너무 화내도 안 되고, 또 너무 기뻐해도 안 된다. 일희일비하지 말아야 한다.

상사에게 보고할 때, "그래서 자네 논리가 뭐야?"라는 질문에 명확하게 대답을 할 수 있어야 하고, 각 부서 간 업무협조를 구할 때도 상대방을 논리적으로 설득해야 한다. 논리가 없으면 누구든 수긍하지 않고, 이성적이지 않은 판단은 자칫 과오를 만들 수도 있다.

만약 논리와 이성으로 모든 것을 해결할 수 있다면 직장생활은 훨씬 수월할 것이다. 역설적이게도 논리와 이성을 그토록 강조하는 직장이란 곳이 사실 또 그렇게 이성적이고 논리적인 곳이 아니라는 게 문제다. 사람의 본질인 감정이라는 변수가 그사이에 튀어나와 서로 간에 '엇박자'를 만들어낸다. 우리는 그걸 '갈등'이라 부른다. 그리고 이 갈등이 우리의 직장생활을 참으로 힘들게 한다.

감정은 우리의 영혼은 물론, 논리와 이성도 압도한다. 감정이 개입되면 눈에 보이는 것이 없어진다. 어쩌면 논리와 이성도 합리적으로 결정했다는 심리적 안도감을 얻기 위한 하나의 수단일지 모른다. 특히 요즘은 감정을 제대로 다루지 못하면 일을 잘할 수 없을뿐더러 능력도 인정받지 못한다. 시대가 바뀌었다. 상사는 물론, 후배 직원의 감정까지도 세심하게 신경 써야 하는 세상이다. 아무리 논리와 이성으로 무장해도, 상대방의 감정을 건드리면 상사는 '악마'로 변하고, 후배는 '반항의 아이콘'이 되고 만다. 유관부서는 나의 요청에 절대 관심을 보이지 않을 것이다. 그래서 우리는 이성과 논리뿐만 아니라 감정을 잘 활용해야 한다. 내 감정을 알아차리는 능력, 상대방의 감정에 휘둘리지 않고 그것을 잘 받아들여

대응하는 데 필요한 능력이 '감성'이다. 유사한 듯 보이지만 감정과 감성은 다르다. 사전적 의미를 봐도 그렇다.

- **감정(感情)**: 어떤 일이나 현상, 사물에 대하여 일어나는 마음이나 느끼는 기분
- **감성(感性)**: ① 자극이나 자극의 변화를 느끼는 성질
  ② [철학] 감각적 자극이나 인상을 받아들이는 인간의 인식 능력

한 가지 예를 들어보겠다. 지금 당신은 유관부서로부터 급하게 회신 하나를 받아야 한다. 그런데 답이 오지 않았다. 이럴 경우 어떤 메일을 보내면 효과적일까?

A타입

어제까지 회신 달라는 요청에 아직 답을 못 받았습니다. 그 데이터는 고객 조사에 기반한 것이기 때문에, 그 부서에서 전달해주셔야 하는 게 맞습니다. 벌써 늦었습니다. 빨리 회신 주십시오.

B타입

안녕하세요. 항상 지원에 감사드립니다. 요즘 정말 많이 바쁘시

죠? 아마 바빠서서 어제까지 회신 요청한 것을 놓치신 것 같습니다. 그 데이터는 그 부서에서만 해주실 수 있는 전문적인 것이니, 바쁘시더라도 회신과 조언 꼭 부탁드립니다. 감사합니다!

좀 극단적으로 보일 수 있겠지만, 실제로 내가 쓰는 방법이다. A타입은 군더더기가 없고, 논리적으로도 그 부서에서 보내야 하는 게 맞다는 취지다. 납기가 늦었으니, 저렇게 메일을 써도 큰 문제가 되지는 않는다. 그런데 이 메일을 받는 사람의 입장에서 보면 어떨까? 그 사람의 감정은 어떤 반응을 보일까? 다행히 그 사람이 '감성'으로 '감정'을 잘 컨트롤하고 받아들여, '아! 내가 회신을 늦게 보냈고, 잘못했구나. 빨리 답을 보내줘야지'라고 생각하면 다행이지만, 대부분은 미간부터 찡그릴 가능성이 높다. 그리고 그 '감정'은 두고두고 기억되고, 다음 업무 협의 때 좋지 않은 영향을 미칠 것이다.

B타입은 '상대방이 이걸 받으면 어떤 감정을 느낄까'를 먼저 생각하고 보내는 메일이다. 상대를 기분 나쁘게 해봐야 내가 더 얻을 건 없다. 그래서 감사의 메시지를 넣었고, 답이 늦은 것에 대해 비난하기보다는 많이 바빠서 보내지 못했을 거란 상대방의 입장을 헤아리는 말을 넣었다. '전문적'이란 말과 '조언'이란 말을 써서 상대방으로 하여금 '자부심'을 유도했다. '당신 아니면 안 된다.

그러니 답을 빨리 달라'는 의미를 담은 것이다. B타입으로 메일을 보내면 열에 아홉은 곧바로 회신이 온다. 원하는 자료를 다 만들지 못했어도, 언제까지 보내겠으니 양해해달라는 기별은 꼭 온다.

물론, '감성으로 일하기'는 논리와 이성을 갖출 때 빛을 발한다. 기본은 지켜야 한다. 그에 더해 나와 상대방의 '감정'을 소중히 여기고 세심히 살피면 감성으로 일하기가 자연스러워진다. '갈등'은 줄어들고, 커뮤니케이션의 '질'은 향상된다. 감정이 아닌 감성으로 일하기를 정리해보면 다음과 같다.

첫째, 논리와 이성은 기본적으로 갖출 것.

둘째, 상대방과 나의 감정을 소중히 여길 것.

셋째, 내 말이 상대방에게 어떤 감정을 일으킬지에 대해 입장 바꿔 생각할 것.

넷째, 커뮤니케이션 시, 나의 어법이나 어투는 어떤지 체크할 것. (부정적인 단어나, 공격적인 단어, 비난하는 단어는 없는지, 상대방의 입장에서!)

다섯째, 사람들이 나를 '매력적'으로 볼 수 있게 자신을 마케팅할 것. 예를 들어, 생일 알아주기, 예상치 못한 커피 한잔 선물하기, 상대방이 어려울 때 먼저 도움을 주기 등이다. '감성으로 일하기'는 다른 사람과의 갈등을 줄여줄 뿐만 아니라 결국 나를 위한 일이라는 점을 명심했으면 한다.

단점으로 살아남는 법

"잘 지내? 못생긴 건 좀 괜찮아?"

이 질문은 참 매력적이고 혁신적이다. 생각하지 못했던, 안부 이외의 것을 해학적으로 물을 수 있다는 점이 독특하다. 나는 나 자신과 다른 사람들에게 이렇게 안부를 묻고 싶다.

"잘 지내? 요즘 그 '단점'은 좀 괜찮아?"

국어사전에 따르면 장점과 단점은 각각 이런 의미를 갖고 있다.

- **장점(長點):** 어떤 대상에게 있어서 긍정적이거나 좋은 점
- **단점(短點):** 모자라고 허물이 되는 점

사람에겐 누구나 장점과 단점이 있다. 사실, 이것을 구분하는 기준은 애매하다. 한 사람이 가진 어떤 특성이 때론 장점으로, 때론 단점으로 작용하기도 한다. 그런데도 사람들은 이를 굳이 구분한다. 상대적이고 보완적일 수 있는 개념을, 마치 선과 악으로 나누는 모양새다. 그러면서 악은 없어져야 한다고 말한다. 장점과 단점의 한자를 보면 '길고 짧음'으로 그 둘을 표현하고 있다. 그런데 알다시피 긴 것이 항상 좋지만은 않다.

　배구 경기를 보면 같은 팀에 다른 색 유니폼을 입고, 상대적으로 키가 작은 선수가 있다. 아무래도 키가 너무 크면 민첩성이 떨어지니 리베로(배구에서 수비수이면서 공격에도 적극 가담하는 선수)라는 포지션에는 상대적으로 키 작은 선수가 적합하다. 때와 상황 그리고 전략에 따라 길고 짧은 것이 득이 되기도 하고 실이 되기도 한다는 걸 보여주는 좋은 예다. 이런 맥락에서 본다면 부지런함과 게으름, 꼼꼼한 성격과 대범한 성격, 긍정적이거나 비관적인 사고, 적극적인 성격과 소극적인 성격 등은 선과 악의 개념이 아니라, 상대적이다.

　나의 장점과 단점을 '알아차리는 것'이 중요하다. 단점을 자책하고 무조건 버려야 한다는 강박관념은, 장점과 단점이 서로를 보완할 기회를 없애버린다. 이를 알아차리기 위해 '주관적 방법'과 '객관적 방법'을 병행할 수 있다. 자신의 장점과 단점을 생각해보고,

　　　　　　　　　　　　　　　　　　　　　　　　직장 내공

다른 사람들로부터 객관적인 이야기를 듣는 것이다.

상사에게 지적을 받거나 실수를 저지르는 순간 등은 단점을 알아차리기 좋은 기회다. 물론, 유쾌한 경험은 아니다. 그렇다고 피하거나 부정하기만 하면 성장할 수가 없다. 또 누군가의 입을 통해 들려오는 나의 이미지나 평판은 장단점을 가늠하기 좋은 피드백이니 일단 마음을 비우고 받아들이는 게 좋다. 자신의 장점을 알아차렸다면 이를 더 발전시키면 된다. 반면, 단점을 알아차렸다면 아래와 같이 좀 더 고민해보면 좋겠다.

첫째, 단점을 완전히 고칠 순 없지만 고치려 노력할 순 있다. 연애를 해본 사람은 알 것이다. 사람은 변하지 않는다는 것을. 하지만 사랑하는 상대에게 맞추기 위해 했던 노력은 내가 모르던 또다른 나를 발견하게 해주기도 한다. 나라는 존재가 바뀔 순 없더라도, 변하려고 노력하면 분명 뭐라도 얻을 것이 있다.

입사한 지 얼마 되지 않아 내가 가장 많이 지적당했던 단점은 '디테일 부족'이었다. 문과 출신에 숫자 감각도 젬병이어서 각종 보고서에 있는 숫자의 의미를 알아차리지 못했다. 처음 이런 피드백을 받았을 땐 자존심이 많이 상했다. 그 후부터는 부족한 부분을 보완하기 위해 한 번 볼 서류를 두 번, 세 번 살펴봤다. 그러자 어느 순간부터 사람들이 "일을 디테일하게 잘 챙기시네요"라는 말을 하기 시작했다. 의식적으로 노력하다 보니 어느새 디테일한 사람이 되어가고 있었던 것이다.

둘째, 단점이 항상 나쁜 것만은 아니다. '반대급부'를 활용해보자. 나의 단점이 위에서 말한 디테일의 부족이었다면, 그로 인한 장점은 '빠른 일처리와 의사결정의 속도'였다. 논리에 근거한 정확한 의사결정이 필요할 때도 있지만, 때론 인사이트를 갖고 과감하게 결정해야 하는 때도 있다. 즉, 정확성보다 속도가 필요하다. 빠른 일처리와 의사결정은 주재원으로 근무할 때 큰 장점으로 작용했다. 상상하지 못했던 수많은 변수를 맞으며 문제를 해결하고, 사업을 위해 과감하고 신속한 결단을 해야 했기 때문이다. 단점에 묻혀버릴 수 있는 나의 장점을 잘 활용해야 한다. 자신의 부족한 부분을 계속해서 보완하려 노력해야 함은 물론이다.

셋째, 단점을 모르는 게 더 큰 일이다. 단점은 부정적인 피드백이기 때문에, 알고 싶지 않은 게 정상이다. 그럼에도 이를 알아차리고 받아들여야 한다. 그래야 그 반대급부도 파악할 수 있고, 이를 활용할 기회도 잡을 수 있다. 예를 들어, 너무 디테일해서 분석하는 데 많은 시간을 투자하느라 정작 결정 시기를 놓쳐 회사에 막대한 피해를 주는 경우도 있다. 디테일한 것은 장점이지만, 상황에 따라 단점이 될 수도 있다는 것을 모르거나 받아들이지 않으면 자신의 성장 가능성은 줄어들 수밖에 없다.

이제, 마음과 귀를 열어보자. 자신이 알고 있는 장점과 단점은 무엇인가? 자신에 대해 어떤 이야기가 들려오는가? 당신의 단점은 무엇이며 당신은 그것을 받아들여 활용할 준비가 되었는가?

단점으로도 살아남을 수 있다는 생각의 전환이, 힘든 직장생활을 하는 우리를 좀 더 자유롭게 해주리라 믿는다. 모자라고 부족하다는 건, 그만큼 채울 것이 많다는 뜻이기도 하니까.

"사람이 왜 그리 미지근해?"

만약 누군가가 당신에게 이런 말을 했다면 기분이 좋지 않을 가능성이 크다. '미지근하다'는 말은 긍정적인 느낌을 주지 않는다. 실제 국어사전을 뒤져봐도 이 단어는 '온도의 정도'라는 뜻과 함께 '소극적이고 분명하지 못하다'라는 뜻도 갖고 있다.

출근 준비를 하다가 깨달음을 얻었던 어느 날의 일이다. 여느 때처럼 나는 샤워를 하며 차가운 물과 뜨거운 물의 중간을, 심혈을 기울여 조절하고 있었다. 미지근함을 지향하고 있던 것이다. 그것도 매일. 그리고 보니 미지근함은 차가운 것과 뜨거운 것의 조합이었다.

'뜨거운 마음'과 '냉철한 이성'을 모두 갖고 있고 그것을 자유자재로 조절하기. 직장인으로서 내가 지향하는 모습이다. 직장에선 상상을 뛰어넘는 다양한 상황, 별의별 유형의 사람과 마주하게 되기 때문이다. 직장생활에서 미지근함은 고도의 기술이다. 이것을 우리가 기존에 알고 있던 부정적 어감의 미지근함과 구분하기 위해 '적극적 미지근함'으로 명명하고자 한다.

'적극적 미지근함'과 '소극적 미지근함'의 차이는 자기 성찰과 의지에 달려 있다. 자신의 평소 태도가 차가운지 뜨거운지를 알아차리고 이를 바탕으로 부족한 점을 보완하거나 상황에 맞게 그것을 조절할 의지를 갖고 있어야 적극적 미지근함의 미덕을 발휘할 수 있다.

'뜨겁다'는 것은 '열정' 또는 '감정대로 움직이는 것'의 표상이다. 반대로 '차갑다'는 것은 '이성적'이거나 '감정이 없는 상태'를 말한다. 이것은 주변 누군가의 모습이거나, 나의 이야기일 수 있다. 뜨겁고 차가운 성질과 업무 역량을 두고 우리 모습을 구분해보면 흥미로운 점을 발견할 수 있다.

다음은 온도와 업무 역량을 그림으로 표현한 것인데, 네 개의 면은 각각 다음과 같은 특징을 갖는다.

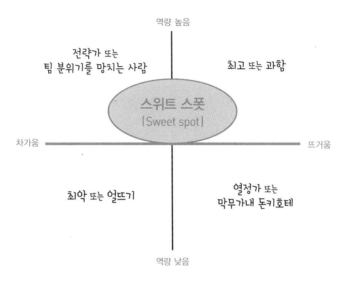

온도와 업무 역량의 관계도

역량 높음

전략가 또는
팀 분위기를 망치는 사람

최고 또는 과함

스위트 스폿
(Sweet spot)

차가움 ——————————————— 뜨거움

최악 또는 얼뜨기

열정가 또는
막무가내 돈키호테

역량 낮음

(1) 온도가 높고 역량도 높은 경우

유형: 이러한 사람은 어디서나 데려가려 아우성이다. 업무 능력도 탁월하고 주위에 끼치는 영향력이 대단하다.

장점: 열정이 높다는 것은 긍정적인 신호다. 여기에 일도 잘하니 모든 선후배에게 귀감이 될 수 있다. 배울 점이 정말 많다.

단점: 자칫 안하무인이 될 수 있다. 다른 사람의 열정을 무시하는 경우도 있다. 자신만 회사를 사랑하는 것처럼 비춰질 수 있다. 후배나 선배 모두에게 미움을 살 가능성이 크다.

직장 내공

(2) 온도는 낮으나 역량이 높은 경우

유형: 한마디로 표현하자면 '게으른 천재'라고 부를 수 있다.

장점: 상사라면 전략가일 확률이 높고, 부하라면 다루기 힘든 지략가일 경우가 많다. 대하고 다루기는 쉽지 않지만, 그 역량이 발휘될 때 팀에 주는 영향력은 대단하다.

단점: 다루기 힘들고 자칫 어긋날 경우 팀 전체의 분위기를 흐릴 수 있다.

(3) 온도도 낮고 역량도 낮은 경우

유형: 최악 중에 최악이라 할 수 있다.

장점: 장점은 없다. 그저 내부에서 저평가자를 꼭 선정해야 할 때가 있다면 고마울 것이다.

단점: 팀의 분위기를 흐리는 것은 물론 성과도 방해한다. 물론, 잘 가르쳐서 데리고 갈 수 있는 수준이라면 잘 끌고 가야 한다. 그 과정에서의 손실은 감수해야 하지만.

(4) 온도는 높으나 역량이 낮은 경우

유형: 신입사원에게서 흔히 볼 수 있고, 계획보다 몸이 앞서는 경우다.

장점: 행동파이기에 누구보다 적극적이다. 새로 시작하는 사람의

마음속에는 초심이라는 강력한 에너지가 있다. 잘 이끌어주기만 하면 이른바 포텐이 터질 수 있다.

단점: 지나침이 해가 될 수 있다. 계획 없이 진행하거나 몸이 너무 앞서면 방향 설정이 잘못되거나 일을 그르칠 수 있다.

스쿼시를 해본 적이 있는지 모르겠다. 내가 초보였을 땐 쉬지 않고 열심히 뛰면서도 가만히 서서 설렁설렁하는 고수에게 번번이 졌다. 약이 올랐다. 땀 흘리는 건 난데 점수는 그 사람이 다 가져갔다. 한참 뒤에야 그 고수가 나에게 귀띔을 해주었다. 스쿼시는 중앙 자리를 선점하는 게임이라고. 그래야 가운데 서서 어느 방향으로 공이 와도 받을 수 있다는 것이다. 과연 그랬다. 나는 공이 가는 방향으로 구심점 없이 이리저리 뛰었다. 그런데 고수는 가운데 서서, 미지근하게 있다가 사방팔방으로 때로는 뜨겁게, 때로는 차갑게 자유자재로 움직인 것이다.

아침에 샤워기의 물 온도를 조절하다가 스쳐간 생각은 그렇게 나에게 큰 깨달음을 주었다. 미지근함의 미학, 대수롭지 않게 생각해오던 것의 위대함을 느끼니, 모든 게 새로웠다. 뜨거운 마음과 냉철한 이성을 갖는다는 건 미지근함을 구사해야 가능하다. 뜨거워야 할 때와 차가워야 할 때를 판단할 줄 알아야 한다. 그것이 바로 능력이자 실력이다.

미지근하다는 것을 새롭게 생각해보자. 우리는 그럴 역량도 없으면서, 미지근함을 무시해왔는지 모른다. 미지근함의 미학을 상기하고 '적극적인 미지근함'으로 받아들인다면 한 뼘 더 성장할 수 있을 것이다.

오케스트라에서 지휘자는 작곡가의 뜻을 무대 위로 끌어올려, 단원들이 내는 각각의 소리를 청중에게 화합된 소리로 전달하는 사람이다. 지휘자는 사전에 단원들에게 자신이 생각한 합주의 방향과 비전에 대해 충분한 설명을 한다. 지휘자가 절대적인 역할을 하지만 단원들이 없으면 안 된다. 지휘자 혼자 각각의 악기를 직접 연주할 수도 없을뿐더러, 그래서도 안 된다.

나는 직장생활이 오케스트라와 비슷하다고 생각한다. 직장에서는 나 혼자 수행하고 책임지는 일이 거의 없다. 대부분이 협업으로 이루어진다. 그 안에 내가 맡은 일이 있을 뿐이다. 급하다고 다른 부서의 일을 내가 대신할 수 없다. 그래서도 안 된다.

업무를 진행할 때 직장인은 자신이 오케스트라의 지휘자라고 생각할 필요가 있다. 이 말에 '나는 사원인데, 대리인데, 어떻게 지휘자가 되라는 말인가?'라는 질문을 할지도 모르겠다. 물론, 지휘자는 오케스트라에서 리더 역할을 하기에 리더의 위치에 있지 않다면 그런 의문을 제기할 만하다. 하지만 앞서 언급한 협업을 기본으로 하는 직장 업무의 속성을 다시 한번 상기해보기 바란다. 지휘자가 되어 사람들에게 지시를 내리라는 의미가 아니다. 지시는 말 그대로 리더나 상사가 해야 하는 일이다. 지휘자가 되어야 한다는 건, 업무의 중심이 서서 유관부서나 조력자들을 '수렴'하는 역할을 해야 한다는 의미이다.

그렇다면 수렴적으로 일한다는 건 뭘까? 수렴의 사전적 의미는 "의견이나 사상 따위가 여럿으로 나뉘어 있는 것을 하나로 모아 정리"하는 것이다. 수렴적으로 일하려면 일단 나를 중심으로 상황을 봐야 한다. 내가 사원이라서, 대리라서 지시할 입장이 아니라는 생각, 중심이 될 수 없다는 생각, 속된 말로 '나부랭이'에 지나지 않는다는 생각은 잠시 접어두자. 내가 맡은 일이 하찮든 그렇지 않든 간에, 일의 중심에 나를 두면 판을 그릴 수 있다. 지시받은 일이라는 수동적 자세에서 벗어나, 적극적인 이미지를 형성할 수 있다.

예를 들어, 새로운 업무를 맡게 되었다고 하자. 앞서 언급한 것처럼 '나'를 중심에 두고 업무를 파악해보자. 이 일은 나 혼자 해결할 수 있는 일인가? 그렇다면 죽이 되든 밥이 되든 혼자 해보면 된다. 모르면 선배에게 물어가면서……. 혼자 해결할 수 없는 경우라면, 어떤 부서의 도움을 받아야 하는지, 담당자는 누구인지를 파악해야 한다. 여기서 중요한 것 하나, 회사 내 각 부서의 역할과 KPI(핵심성과지표)를 미리 파악해두어야 한다. 저 부서는 왜 존재하는지, 어떤 일을 주로 하는지, 내가 어떻게 하면 원하는 것을 얻어낼 수 있을지, 담당자 성향은 어떤지를 파악해야 한다. 회사 내 부서는 저마다의 존재 목적이 있다. 그 존재의 목적을 적절히 활용해야 한다. 내가 직급이 낮더라도 내 부탁을 들어줄 수밖에 없게 만들어야 한다. 그러려면 사전 파악이 중요하다. 그래야 판을 짜고 중심이 되어 여기저기 요청을 하고 원하는 바를 얻을 수 있다.

　간혹, 어떤 업무에 대한 후배들의 요청 이메일을 받다 보면, 확연히 느껴진다. 그 친구가 중심이 되어서 일을 하는지 아닌지. 자신을 중심에 둔 친구는 큰 판을 보고 필요한 것에 대해 적재적소의 사람들에게 간결하게 요청한다. 메일을 읽으면 도와줄 수밖에 없다. 우리 부서가 왜 존재하고, 내가 무엇을 해야 할지를 정확히 알고 요청하는 것이기 때문이다. 그렇지 않은 친구의 예는 길게

들 필요가 없을 것이다. 가끔은 어이없는 요청을 해서, 지원에 대한 본질적 논의보다는 논쟁을 양산한다.

자신을 중심에 두고 일을 할 때 주의해야 할 점이 있다. '공을 던진다'는 느낌을 주면 안 된다. 더불어, '활용'과 '이용'의 경계를 잘 구분해야 한다. 유관부서나 담당자에게 업무 요청을 할 수는 있지만, 자칫 이러한 행동이 '공 던지기'로 비쳐서 오해를 불러일으키기도 한다. "이 일은 그 부서 일이니, 기한 내에 꼭 해주세요!" 하는 식의 요청은 틀린 말은 아니지만 듣는 이로 하여금 그리 도와주고 싶게 만들지 않는다. 게다가 업무 진행 상황과 향후 계획이 빠져 있다면 더더욱 그렇다. 요청받는 입장에서는 '이용당한다'는 느낌이 들 수도 있다. 한마디로 기분은 나쁘고, 도와주기는 싫어진다.

결국, 모든 것은 사람이 하는 일이다. 갑자기 감정에 호소하는 것처럼 보여 당황스러울지 모르지만, 이 점을 인지하는 것은 직장 생활에서 정말 중요하다. 업무협조 요청은 주로 다수의 수신자를 넣어 공개적으로 보낼 때가 많기 때문에 모든 사람이 수긍할 수 있도록 해야 한다. 가장 좋은 방법은 이성과 감성을 아우르는 것이다. 상대방이 해야 하는 업무와 범위는 명확하게, 그리고 기분 좋게(까지는 못하더라도 최소한 기분 상하지는 않게) 보내는 것이 중요하다.

영업·마케팅을 담당하는 내 상황을 예로 들어보자. 문제가 터졌다. 내가 담당하는 제품에 품질 문제가 발생했다. 제품은 이미 거래처의 창고에 도착해 있다. 이럴 때는 어떻게 해야 할까?

우선 감정이 앞선다. 내가 잘못한 게 아닌데, 모든 결과는 내가 뒤집어쓰게 생겼다. 연신 미안하다고 말하는 유관부서에게 소리를 지르려다 참았다. 감정을 누르고 이성적으로 생각해본다. 감성적으로 생각해본다. 여기서 소리 질러 봤자 나만 손해다. 그렇게 해서는 될 일도 안 된다.

일단 침착하게 판을 들여다본다. 이 일을 해결하기 위해서 내가 할 수 있는 일, 그리고 해야 하는 일을 분류해본다. 어느 부서, 누구에게 요청을 해야 할까? 해결의 시작과 끝을 스스로 되짚어본다. 일종의 시나리오다. 제품은 이미 거래처에 나가 있으니, 우선 공급을 담당하는 부서에 연락하여 소비자에게 판매가 되지 않도록 문제의 제품 출하를 막아야 한다. 더불어 제조와 품질부서에 재작업이나 교환 가능성 등의 여부를 파악한다. 이미 혹시라도 팔린 제품에 대한 조치가 이루어져야 하니 서비스부서에는 현 상황을 즉시 알려 대응할 수 있게 한다. 그리고 일련의 흐름에 맞게 요청을 한다. 각 부서에 요청할 내용과 내가 처리해야 할 일을 정리해보면 이렇다.

- **공급부서**: 당장 거래처에 연락하여 소비자에게 출고되지 않게 할 것. 재작업 및 교환에 대한 안내를 곧 드릴 테니 잠시만 대기해달라고 전해줄 것

- **제조 및 품질부서**: 현 품질 문제의 원인은 무엇인지, 수준은 어떠한지, 재작업을 할 수 있는 건지, 아니면 아예 폐기하고 새로운 제품으로 바꾸어줘야 하는지에 대한 결정 요청 및 해결을 위한 지원 범위(인력 및 비용) 파악

- **서비스부서**: 현 상황을 즉시 알리고, 거래처에 즉각 출동하여 팔린 제품이 있는지, 있다면 얼마나 어디로 나갔는지 파악한 후 고객의 불편을 최소화하기 위해 연락 및 선조치 요청

- **나**: 거래처에 당장 달려가 사과하고, 재작업이든 교환이든 일이 해결될 수 있도록 안팎으로 일을 수시로 끝까지 챙길 것

요청할 때는 각 부서의 역할과 책임을 명확히 하여 부서 내 최고책임자를 참조에 넣어야 한다. 그리고 각 부서가 책임지는 경계 내의 일을 요청해야 한다. 만약, 그 이상을 요구해야 한다면 사전에 전화 및 개인적 접촉을 통해 협의해야 한다. 그러지 않으면 문제의 해결을 위한 논의보다는 업무 범위에 대한 논쟁으로 변질될 수 있다. 더불어, 아무리 잘못의 책임이 제조·품질부서에 있다고 해도 메일의 논조는 '책임져라!'가 아니라, 상황이 이러하니 '도

와주세요!'가 되어야 한다. 사람인지라 잘못을 들춰내고 공격하면 방어기제가 발동하여 될 일도 안 될 때가 많다.

다시 정리하면, 나를 '중심'에 둔다. 판을 읽는다. 업무의 스토리라인을 짠다. 그리고 감성과 이성의 균형 잡힌 요청을 한다. 그것을 벗어나는 것에 대해서는 개인적으로나, 전화 등을 통해 사전 협의한다. 책임지라는 식이나, 내가 할 일을 미룬다는 인상을 절대 주어서는 안 된다. 관련된 모든 부서와 사람들을 수렴한다.

연주가 시작되었다. 지휘자가 중심에 선다. 오늘의 연주에 대한 흐름을 머릿속에 되새긴다. 감정은 지나치지 말아야 하고, 적재적소에서 각각의 악기가 최상의 연주를 할 수 있도록 이끈다. 내가 답답하다고 지휘하다 말고 내려가 바이올린을 켜거나, 첼로를 연주할 순 없다. 그들을 감성과 이성으로 잘 이끌어야 한다. 활용하며 받들어야 한다.

어느 지위에 있든 간에, 언제나 늘 업무의 중심에 있는 '오케스트라의 지휘자'가 되어보자. 즉, 수렴을 해보자.

직장생활에 꼭 필요한 단축키는?

"안녕하십세요!"

한 여자 후배의 이메일이 출근 후 아침 시간을 발칵 뒤집어놨다. 우리 영업·마케팅 부서와 연구소 간 갈등이 좀처럼 좁혀지지 않는 와중에 오간 이메일의 서두였다. 실수로 받아들일 만한 오타였지만, 연구소와 갈등이 계속되던 상황과 그 후배의 괄괄한 성격을 고려했을 때 고의적 실수일지 모른다는 합리적 의심(?)을 받았다. 물론, 그 후배는 단순 실수였다며 손사래를 쳤다. 몇 년이 지난 지금도 그 에피소드는 실수 여부를 놓고 회자되고 있다.

직장생활을 하다 보면 그런 실수가 비일비재하다. "네, 알겠습니다! 상무!"라며 '님'자는 안드로메다로 보낸 적도 있고, 파일을 첨부하지 않고 보내거나 작성 중인 이메일을 실수로 송부한 적이 부지기수다. 재밌는 건 이런 실수는 꼭 보내기 버튼을 클릭하고 난 다음에야 보인다는 것이다.

직장인을 향해, '돈 버는 PC방에 출근하는 사람'이라고 표현한 글을 본 적이 있다. 어쩌나 절묘한 표현인지! PC 앞에 앉아 저마다의 업무에 골머리를 쓰는 모습을 보면 더 그렇다. 그만큼 우리는 PC와 씨름하며 하루를 보낸다.

PC의 단축키는 직장인에게 유용한 기능이다. 시간을 단축하고 일의 효율을 올려주기 때문이다. 마우스 없이 엑셀의 모든 기능을 단축키로 처리해 회사에서 '엑셀의 신'이라 불리는 동료가 있다. 그를 볼 때 난 가끔 우리 직장생활에도 '단축키'가 있으면 어떨까 하는 상상을 하곤 한다. 내가 가장 갖고 싶은 단축키는 'Ctrl+Z'이다. 어떤 실수를 해도 돌이킬 수 있도록 말이다. 잘못 뱉은 말이나 발표 중에 했던 실수, 또는 중요한 이메일에 낸 오타, 첨부파일 누락 등을 알아차렸을 때 한 번이든 두 번이든 되돌릴 수 있을 테니까. 타임머신과도 맞먹는 이 기능은 영혼을 팔고서라도 사고 싶다. 언젠가 이런 단축키가 현실화되는 날을 꿈꾸며 직장생활에 필요한 다른 단축키들을 좀 더 상상해봤다.

- Alt+S(저장) : 말 그대로 뭔가를 내 머릿속에 저장하고 싶을 때 사용. 나이 들면서 뭔가를 기억하기가 점점 어려워진다.

- Ctrl+N(새 창 열기) : 일이 정말 바쁠 때나 과음으로 힘든 다음 날 사용. Ctrl+N으로 또 하나의 나를 만들어 회사로 출근시킨다.

- Ctrl+F(찾기) : 힘겹게 고생한 오늘 하루를 마무리하며 사용. Ctrl+F로 나를 위로해줄 친구를 찾는다. (바꾸기로 맘에 안 드는 친구는 그냥 바꾸는 걸로!)

- Shift+Delete(영구 삭제) : 휴지통을 거치는 것도 사치인 것들을 바로 버릴 때 사용. 사람이든 업무든 스트레스든 그 어떤 것이든 버린다.

- Alt+Tab(전환) : 멀티태스킹이 필요한 순간 사용. 여러 업무를 하는 건 물론이고 이 회의실 저 회의실을 실시간으로 돌아다니며 일할 수 있게 한다.

- Alt+Enter(등록정보 확인) : 상사나 동료, 거래처 사람을 새로 만났을 때 사용. 이 단축키로 등록정보를 확인한다.

- Ctrl+C, X, V(복사, 자르기, 붙이기) : 나를 복사해서 여러 명으로 만들 때 사용. 나를 잘라내서 다른 곳으로 붙여 넣는다.

- Ctrl+ESC(시작메뉴 보기) : 나의 초심이 무엇이었는지 확인할 때 사용.

- Ctrl+Alt+Delete(강제 종료) : 상사의 잔소리, 유관부서의 클레

임을 '강제 종료!'한다.

- Alt+F4(종료) : 프로그램 종료, 그리고 몇 번을 반복하면 회사 생활 종료가 된다. Ctrl+Z(명령 취소)가 작동하지 않으니 신중하게 생각해서 사용해야 한다.
- Pivot(피벗) : 단축키는 아니지만, 내 신변의 모든 것을 한데 모아서 보고 싶은 조건으로 정리해주는 신박한 툴로 활용하면 어떨까.

이런 단축키를 현실에서 사용하지 못한다는 것은 누구나 잘 안다. 하지만 경험을 바탕으로 머리와 마음에서 이 단축키들을 사용한다면, 분명 효과는 있을 것이다. 돌이켜야 할 일을 만들지 않고 최소화하는 것, 단축키가 주는 교훈이 아닐까.

　브런치에 '젊음이 젊음에게 멘토링'이라는 제목으로 매거진을 만들고 글을 하나하나 쓰기 시작했을 때 그것은 온전히 나를 위한 작업이었다. 힘들고 고된 직장생활이지만 그래도 나는 많은 것을 배우고 성장해왔다는 확신이 있었기에 내가 얻은 것을 한번 돌아보고 싶었다. (아니, 이렇게 힘든 시간을 지나왔는데 남는 게 전혀 없다면 그건 너무 억울할 것 같다는 생각도 있었다.)

　돌이켜보니 힘들었던 순간들은 어느새 반짝반짝 빛나는 보석이 되어 있었고, 또 어떤 순간들은 앞날의 두려움을 이겨낼 수 있게 해주는 소중한 '의미'로 내게 남아 있었다. 글이 쌓여갈수록 깨달음과 배움은 늘어갔고 많은 이들의 공감도 얻었다. 정말로 큰 도움이 되었다며 연락을 해오는 사람들을 보면서 어디에선가 누군가는 나와 똑같은 시절을 지나고 있구나, 같은 크기의 고민을 하고 있구나 하는 생각이 들었다. 도움이 되고 싶었다. 진흙탕 구덩이에 빠져 흠뻑 젖었던 내 이야기를 털어놓음으로써 나와 같은 고민을 하게 될 후배들에게 앞으로 닥칠 어려움에 관해 이야기해주고 싶었다. 살다 보면 언젠가 그 구덩이에 빠질 것이기에 거기서 빠져나오는 법과 빠져나와서 아무렇지 않게 앞으로 나아갈 수 있는 용기를 나누고 싶었다. 그러한 과정을 겪으면서 사람들은 기다가 걷고, 걷다가 뛰는 성장을 맞이하니까.

나는 직장인이 대단한 존재라 생각한다. 그저, 그것을 모르고 있는 것일 뿐. 직장인은 매일매일 수많은 경험을 통해 자신도 모르게 '내공'을 쌓아가고 있다. 그것을 돌아보아 온전히 내 것으로 만드는 과정이 필요하다. 쌓인 걸 알아차리기만 해도 된다. 그리고 직장인의 그 내공은 '버티기'와 '의미 찾기'에서 온다는 것을 잊지 않았으면 한다. 그것들은 누군가에 의해서가 아닌, 자신의 선택이자 노력임을 기억하기 바란다. 바로, 그 누구도 아닌 나 자신을 위해!

Special Thanks.

그저 스스로 고민하며 써 내려간 글을 많은 사람에게 알릴 가치가 있다며 출간 제안을 해주시고 끝까지 꼼꼼히 봐주신 가나출판사 이정순 팀장님, 주중에는 업무와 출장으로 바쁘고 주말에는 글쓴다고 혼자 방에 틀어박혀 있는 남편과 아빠를 이해해주고 응원해준 사랑하는 가족들, 하나하나 써 내려간 글을 마치 자신의 이야기처럼 공감하고 감사의 인사를 전해준 브런치 독자들, 무엇보다 길다면 길고 짧다면 짧은 직장생활 속에서 많은 깨달음을 주신 선배, 동료, 후배들에게 감사한 마음을 전합니다.

아, 그리고 이 책을 기꺼이 값을 지불하고 구매해주신 독자분들께도 감사드립니다.

(저를 포함하여) 모든 분의 건승을 기원합니다!

직장 내공

초판 1쇄 발행 2019년 1월 16일
초판 5쇄 발행 2021년 8월 4일

지은이 송창현

펴낸이 김남전
편집장 유다형 | 기획·책임편집 이정순 | 디자인 정란
마케팅 정상원 한웅 정용민 김건우 | 경영관리 임종열 김하은

펴낸곳 ㈜가나문화콘텐츠 | 출판 등록 2002년 2월 15일 제10-2308호
주소 경기도 고양시 덕양구 호원길 3-2
전화 02-717-5494(편집부) 02-332-7755(관리부) | 팩스 02-324-9944
홈페이지 ganapub.com | 포스트 post.naver.com/ganapub1
페이스북 facebook.com/ganapub1 | 인스타그램 instagram.com/ganapub1

ISBN 978-89-5736-995-1 03190

※ 이 도서의 국립중앙도서관 출판시도서목록(CIP)은 서지정보유통지원시스템 홈페이지(http://seoji.nl.go.kr)와
국가자료공동목록시스템(http://www.nl.go.kr/kolisnet)에서 이용하실 수 있습니다.(CIP제어번호: CIP2018042687)

가나출판사는 당신의 소중한 투고 원고를 기다립니다. 책 출간에 대한 기획이나 원고가 있으신 분은 이메일
ganapub@naver.com으로 보내 주세요.